MULHERES COM UM CHAMADO

VOLUME 3

HISTÓRIAS QUE CURAM

EDITORA
CHAVE MESTRA®

EDITORA
CHAVE MESTRA®

Av. Marcos Penteado de Ulhoa Rodrigues,
1119 – Tamboré, Alphaville – SP,
Ed. Office Shopping Tamboré –
Andar 21 – Sala Chave Mestra
CEP: 06460-040
@editorachavemestra
editora@editorachavemestra.com.br
www.editorachavemestra.com.br

DIREÇÃO EDITORIAL
Raquel Medeiros

COORDENAÇÃO EDITORIAL
Bartira Costa Neves

EDITORIA JR.
Larissa Robbi Ribeiro

ASSISTÊNCIA EDITORIAL
Amanda Karine Grossel
Eloiza Andrade
Flávio Alfonso Jr.

REVISÃO
Híllona Anjos
Luiza Tenuta

DIAGRAMAÇÃO E PROJETO GRÁFICO
Daniel Marchesani

***BRANDING* DE CAPA**
Jônatas Nuno Leite

Título original em português:

Mulheres com um chamado – vol. 3:

histórias que curam

Dados Internacionais de Catalogação na Publicação (CIP)

Vale, Rogério (Organizador)

V149 Mulheres com um chamado - volume 3: histórias que curam / Rogério Vale (org.) – Barueri, SP: Chave Mestra Editora, 2025.
256 p.: 16 x 23 cm

ISBN 978-65-5496-111-0

1. Desenvolvimento pessoal. 2. Espiritualidade. 3. Vida Cristã.
4. Prosperidade. 5. Inteligência espiritual. 6. Fé. I. Título.

CDD 158.1

MULHERES COM UM CHAMADO

VOLUME 3

HISTÓRIAS QUE CURAM

Apresentação

Há livros que lemos com os olhos; outros, com o coração. Este, você sentirá com a alma.

Mulheres com um chamado — volume 3: histórias que curam é mais do que uma coletânea de capítulos. É uma sinfonia de vidas restauradas, de vozes que ecoam fé, superação e propósito. São 31 autoras, 31 jornadas únicas, entrelaçadas por um mesmo fio condutor: o chamado de Deus em meio à dor, à renúncia e à reconstrução.

Cada história aqui escrita nasce de um lugar sagrado: o secreto onde a alma encontra o Criador. São narrativas que nos conduzem pelos caminhos da transformação, revelando que a dor, embora indesejada, pode se tornar escola, forja e impulso — porque, sim, a dor nos constrói, mas é o chamado que nos direciona.

Você encontrará relatos que falam sobre o Deus que é Pai, sobre mulheres arrancadas a fórceps para que nascessem em propósito, sobre alianças inquebráveis, curas que fluem como rios e renúncias que florescem em vida abundante. São experiências reais que ultrapassam a lógica humana, nas quais o impossível se curva diante da fé.

Esta leitura é um lembrete poderoso de que nenhuma mulher é invisível aos olhos de Deus. Da rejeição ao chamado, da quebra à restauração, do silêncio à voz audível do Eterno, cada capítulo revela que há um céu atento a cada lágrima, um propósito por trás de cada luta e um chamado que vai além da existência.

Você será tocada, confrontada e inspirada. Talvez encontre sua história espelhada nestas páginas; talvez descubra que ainda há esperança onde tudo parecia perdido; e, quem sabe, ouça o eco do seu chamado enquanto caminha por essas palavras vivas.

A todas as leitoras, deixamos um convite: permita-se ser curada, desafiada e levantada, pois, no tempo certo, Deus transforma cada processo em testemunho, cada dor em destino e cada mulher em um instrumento de cura.

Este não é apenas um livro. É um altar de memórias, cicatrizes e milagres.

Com fé e amor,

EDITORA
CHAVE MESTRA®

Sumário

Alexsandra Alves

Sou Alexsandra de Melo Alves, pernambucana, resido hoje na Bahia com minha amada família: meu esposo Wanderson Alves e meu filho Luiz Felipe.

Formada em Biomedicina, sou sócia da empresa WA Saúde, da qual meu esposo é o CEO. Fundada em 2016, atuamos no segmento de saúde e tecnologia e somos responsáveis por treinar e capacitar centenas de pessoas no nosso time.

Formada no Rhema e na Escola de Ministros, além do curso Coach Integral Sistêmico pela Febracis Bahia.

alexsandra.m.alves

+55 (71) 99983-7373

ale_melo2005@yahoo.com.br

A DOR NOS CONSTRÓI

1

Alexsandra Alves

Toda cicatriz marca uma história, mas nem toda história precisa ser marcada por uma cicatriz.

Na minha vida, já tive várias cicatrizes, mas vou lhe falar um pouco do que já superei para chegar aonde cheguei e ainda pretendo aprender mais para chegar muito mais longe. Desejo plenamente que minha história também possa ajudá-la a superar qualquer coisa pela qual esteja passando neste momento.

Agora, vou levá-la a lembrar ou relembrar algumas situações em que a dor foi necessária para gerar algo.

Quando pensamos em uma mulher grávida, já perguntamos se ela terá parto normal ou cesariana... porque sabemos que dependendo do parto vai haver dor. Na verdade, qualquer um dói, apenas são dores diferentes. Eu tive cesariana e, deixa eu lhe falar, doeu muito quando levantei a primeira vez, quase desmaiei de dor! Mas foi uma dor necessária, pois trouxe uma vida; a dor gerou a coisa mais importante do mundo: a vida.

Quando analisamos o diamante, algo tão lindo, é incrível ver o seu brilho, além do poder que ele tem de marcar histórias e momentos; mas, sabe, para chegar ao ápice do seu intenso brilho, ele passou por um processo de lapidação, e esse processo é bem invasivo. A pedra precisa ser facetada; são cortes que, na proporção certa entre um e outro, intensificam ainda mais o seu brilho. Se fôssemos falar de algo assim no ser humano, seria bem doloroso, mas sem esse processo o diamante jamais existiria. Sem esses cortes, o diamante seria apenas mais uma pedra. Porém, existem também outras pedras cuja beleza já é natural, sem processo; quero dizer, existe também a beleza que veio da própria natureza, como também existem processos em minha vida e na sua em que não será necessário o processo da dor.

Podemos entender que, quando rompemos a barreira do sofrimento, nós encontramos o lugar de grandeza em Deus. Biblicamente falando, eu teria vários exemplos para contar de dores que, no final, por terem sido suportadas, houve a provisão de Deus.

Na vida da Joquebede, mãe de Moisés, por exemplo. Você que é mãe, ou até quem não é, mas ama muito alguém... imagine você colocar uma criança indefesa dentro de um cesto e suportar a dor do medo; imagine nunca mais ver seu filho, por ele ter morrido afogado ou até se perdido naquela multidão de água. Aí, de repente, Deus vem e faz o milagre na vida da mãe e do filho. Deus não só os uniu novamente, como proveu todo sustento de que a mãe precisava; Ele é Deus de agir e financiar seus sonhos.

Confesso que não é fácil entender essa situação no momento em que passamos pela dor; ficamos tão focados no porquê de estarmos passando por isso que esquecemos de nos perguntar "para quê?". Temos um manual perfeito: a Bíblia. Ela nos ensina a todo momento, e nesse livro teremos sempre respostas para as dores e aflições; mas, na maioria das vezes, a dor está tão intensa que você deixa de acreditar até nas palavras de Deus.

Eu gosto muito de falar sobre a metamorfose da borboleta citando a vida de José e o processo pelo qual ele passou. Quando entendi esse processo, mudou minha vida e a maneira de enxergar as situações. Não sou perfeita, e estou longe disso, mas a cada dia busco apenas ser exemplo de superação para tantas pessoas que passam por dores e acham que não podem suportar, inclusive ser exemplo para mim mesma.

Mas, em um momento, eu entendi que nem todo crescimento precisava que eu passasse por dor. Eu estava gostando de passar por dores, acreditava que era necessário para poder crescer; eu contava historinhas para minhas dores e as colocava sendo algo importante. Sabe que tem gente que cuida tão bem das dores que elas nunca deixam de existir, viram de estimação! Muitas vezes, ouvimos de pessoas

— inclusive cristãs — que o sofrimento faz parte para chegar à vitória. Quem nunca ouviu isso? São pessoas que atraem problemas, pois o corpo já sente prazer neles, e quando as coisas podem até estar bem, fazem de tudo para criar um problema, muitas vezes até inconscientemente, por causa do vício pela dor.

Foi quando falei para meu esposo que eu estava usando tanto a frase "Só alcança sucesso quem suporta processo" que percebi que ela estava aliada a dores! E ele disse: "Não fale mais!". E daquele dia em diante entendi que nem todo crescimento acompanha a dor, mas que toda dor verdadeiramente veio para nos ensinar e nos preparar para o extraordinário de Deus em nossas vidas... assim como foi com José.

Passei muito tempo me vendo na história do José (o José do Egito), quando entendi que para ele foi necessário passar por todo aquele processo para chegar aonde ele deveria chegar, com as habilidades que ele aprendeu na caminhada e com o coração sempre alinhado ao seu propósito, pois ele sabia tudo que tinha plantado, mantendo um coração puro.

Você já parou e viu uma lagarta? Confesso que não é nada bonitinha e jamais iria parar para tirar uma foto com ela! Na grande maioria das vezes, quando vemos uma lagarta, a intenção é logo afastá-la de nós. Mas sabe que uma lagarta não nasceu para ser lagarta, ela apenas está se aperfeiçoando, assim como José ao passar por todo processo pelo qual ele passou e, talvez, como você esteja nesse momento.

Eu imagino que o casulo seja de fato algo que incomode; é escuro, apertado, doloroso, e nesse momento a lagarta está sozinha. Na verdade, ao ver a lagarta, a maioria das pessoas deseja pisá-la por achar um bicho feio e nojento, e dentro daquele casulo ela se sente só, mas se por esse motivo a gente tentar dar aquele empurrãozinho na lagarta e resgatar a borboleta, ela vai sair de lá meio desorientada, muitas vezes, sem conseguir voar (algo que ela foi criada para fazer). É nesse processo que ela vai amadurecer suas asas e criar resistência para conseguir dar seus voos e encantar a todos com tanta beleza.

Foi analisando essa situação também que entendi que aquele processo de dor é que vai construir a linda história daquela borboleta, e quando ela chegar ao seu propósito, que é voar, ela será desejada pelas mesmas pessoas que um dia possivelmente desejaram pisá-la e tirá-la do seu percurso, a aceitar que ela suportou o processo e agora ninguém mais consegue pará-la. Assim foi com José, e assim pode estar sendo com você.

Você está se sentindo só, está no escuro sem achar uma saída, está sentindo dor, e na maioria das vezes sem saber o que fazer... Acredito demais que no momento em que José estava no poço, onde os próprios irmãos o colocaram, ele também se sentiu só (Gn 37:23-24).

Eu imagino que José, quando foi colocado lá, também se sentiu sozinho, apertado, no escuro e com dor, mas ele estava iniciando o processo do seu propósito. Foi necessário que ele passasse por toda aquela situação, até ser vendido como escravo, pois enquanto ele poderia pensar que a situação era o fim, o próprio Deus estava endireitando os caminhos para que ele chegasse ao seu propósito. José nunca deixou de ser destaque onde estava; mesmo diante das dificuldades, ele se manteve excelente em tudo. Deus é especialista em transformar dores em vitórias. Nossa parte é entender que Ele nunca vai nos colocar em situações para sentirmos dor, mas o nosso Deus estará sempre ao nosso lado em todas as situações para nos proteger.

Eu e você, muitas vezes, estamos na mesma situação, nos sentindo sós, no escuro, sem ver uma saída, sentimos dores e medo, mas o que muitas vezes não conseguimos ver é que esse processo está sendo apenas para nos tornarmos pessoas fortes. Acredito que como eu, você também já esteve em um lugar do qual imaginou não ter saída é que não suportaria aquela dor, muitas vezes chegando até a dizer que não suportaria mais; eu já vivi isso também.

Em minha vida, tive uma mulher e um homem ao meu lado (meus pais Helia e Luiz — *in memoriam*) que suportaram dores terríveis — físicas e emocionais —, mas nunca os vi desistir nem criar atalhos, e isso me forjou e me tornou esposa, mãe, amiga, líder... me fez ter o caráter que tenho.

Mas por um certo momento eu entendi que a palavra que eu profetizava me levava também a passar por situações que muitas vezes até eu criava, por acreditar que eu só teria vitória se passasse por dor, e foi quando eu decidi viver o extraordinário de Deus em minha vida. Aprendi o poder da palavra *rhema*, o poder de declarar, e as coisas acontecerem.

Este meu capítulo já estava escrito há alguns anos, e quando fui chamada para participar e vi o tema, eu entendi por que já havia escrito tantas coisas, pois através deste meu testemunho posso encorajá-la a ter autoridade em suas palavras, sua vida, sua história, para que você as possa mudar hoje, basta declarar e entender que a dor nem sempre será para pará-la, e sim para lhe dar combustível.

Eu vou encorajar, a partir da leitura deste capítulo, você a declarar tudo que deseja em sua vida: como você deseja que seja sua vida financeira, como você deseja que seja sua família, como você deseja que seja sua saúde física e espiritual. Existe um segredo, sim, um segredo que todo mundo que segue tem sucesso e grandes resultados na vida. É **profetizar**! Levantar pela manhã e determinar como será seu dia; declarar e profetizar, mesmo que você não esteja vendo nada na hora, mas sua mente já se prepara para os milagres e seu corpo produz os hormônios necessários para gerar felicidade, paz e energia.

Não estou lhe falando que você nunca mais terá problemas, porque eu mesma os tenho até hoje, mas que você não olhe para sua situação, e sim para todas as fraturas e dores e declare que você já é vencedor. O fato de blindar sua mente ao negativo já elimina uma boa parte dos problemas que muitas vezes estão apenas na sua mente; então você conseguirá de cabeça erguida, entendendo que vai suportar e tudo vai passar, e que logo a melhor parte, a parte do desfrute da plenitude, será também sua. E um outro segredo: **generosidade**! Ser generoso agrada o coração de Deus e abre portas que sua força jamais abriria.

BIBLIOGRAFIA

BÍBLIA SAGRADA. A Bíblia da Mulher. Nova Almeida Atualizada (NAA). Barueri: Sociedade Bíblica do Brasil, 2024.

"Toda cicatriz marca
uma história, mas
nem toda história
precisa ser marcada
por uma cicatriz."

Alexsandra Alves

Angélica Maciel

Eu me chamo Angélica, filha de Deus, o meu Pai. Casada com Atlas e mãe de Lucas e Arthur. Nasci no Distrito Federal. Exerço o ministério pastoral auxiliando meu marido há dezesseis anos. Sou formada no Centro de Treinamento Bíblico e na Escola de Ministros Rhema. Trabalho com orientação, liderança e grupos de estudos bíblicos para mulheres.

Atuo como enfermeira da SES-DF, sou especialista em Unidade de Terapia Intensiva, Dermatologia e Controle de Infecção Hospitalar. Atualmente, em formação no curso de Psicanálise e, nas horas vagas, estudo teclado.

Gosto de uma boa conversa entre amigos, ouvir pessoas e conhecer sua visão de Deus e do mundo. Admiro pessoas inteligentes, educadas, empáticas, que vencem seus medos e são fortes em Deus, que fazem dos desafios da vida uma grande oportunidade de conquista.

+55 (61) 98658-8896

angelica.maciel1002@gmail.com

CONHECENDO
O DEUS QUE É PAI

2

Angélica Maciel

Todo aquele que crê que Jesus é o Cristo é nascido de Deus. (1 Jo 5:1)

De acordo com o dicionário Michaelis, a palavra "pai" significa: "genitor, progenitor. Homem que adotou uma ou mais pessoas". No dicionário bíblico on-line, a mesma palavra é compreendida como: "gerador, provedor, sustentáculo, instrutor, mestre. Aquele que protege, oferece segurança e oferece amor".

Durante a minha infância, tenho recordações preciosas do meu pai guardadas em minha memória afetiva; recordações repletas de carinho e risadas, além de muitas e longas conversas. Experimentei a alegria de ter um bom pai. Um pai protetor, provedor, orientador, amoroso e, acima de tudo, amigo. Nesse período, ouvia falar de Deus, pois meus pais eram tradicionalmente de uma religião cristã; com isso, sabia que a Bíblia era a Palavra de Deus, a mensagem de Deus para o homem, porém, por falta de clareza e entendimento das escrituras, nunca soube como acessá-la e desfrutar de suas promessas.

Por ocasião do meu casamento e da necessidade de acompanhar meu marido, mudei de estado, e a distância de mil e duzentos quilômetros agora me separava dos meus pais fisicamente. Foi logo após este momento que fui apresentada ao Deus da Bíblia.

Um dia, após a mudança de estado, diante de tantos questionamentos internos, inseguranças, medo do futuro e a própria incerteza de onde passaria a eternidade, recebi um convite que transformaria minha vida para sempre e ressignificaria minha existência: foi um convite simples, assim como Deus o é; um convite para aceitar o seu filho Jesus Cristo como Senhor e Salvador, e como recompensa ter uma morada eterna no Céu. O Deus distante que naquele momento acabara de conhecer, agora estava um pouco mais próximo, porém a minha parte nesse relacionamento se assemelhava muito com o de uma serva e seu senhor, sem intimidade e afeição.

No decorrer do tempo, no local que nos reuníamos, observava atentamente as pessoas conversando com Ele, diálogos longos em forma de lindas orações, frases usadas que expressavam tanta bondade, abençoavam pessoas, nações e gerações. Percebia o amor das pessoas, mas falava-se de um amor de Deus misturado com raiva, indignação e ressentimento com o ser humano.

O sentimento de inadequação permeava a minha mente. Eram tantas regras, formas e rituais para alcançar seu olhar e atenção, que diversas vezes acreditei não ser aceita por Ele. Meu desejo era ter um relacionamento com Deus semelhante ao relacionamento com meu pai terreno; desejava ser aceita, acolhida e amada por Ele. Mesmo consciente de todas as minhas limitações, não queria ser rejeitada ou preterida. Meu mais profundo desejo era saber que era amada por Deus.

Minha caminhada com Deus durante anos foi extenuante. Trabalhava em sua obra procurando aceitação, observava seus preceitos diligentemente para não o irritar ou decepcioná-lo. Muitas conquistas foram alcançadas; entretanto, ainda pairava a sensação do sistema de meritocracia. Meu espírito e alma ansiavam por algo mais profundo, íntimo e pessoal com Ele. Necessitava conhecer mais sua Palavra, mas não sabia como e onde encontrá-la.

"E serei seu Pai, e vocês serão meus filhos e minhas filhas, diz o Senhor Todo-Poderoso" (2 Cor 6:18).

Em um momento decisivo, em meio a orações e súplicas para conhecê-lo melhor, foi me apresentado um seminário bíblico, o qual mudou o meu relacionamento com meu *Abba*. Entendi que aquele seria o momento ideal para uma transformação da minha vida espiritual. Prontamente fiz minha inscrição e durante três anos dediquei-me exclusivamente a conhecê-lo mais através de sua Palavra.

Descobri em sua Palavra que meu Deus também é um Pai amoroso, de relacionamentos, que o seu amor excede e muito o amor de um pai terreno. Entendi que não precisaria sentir esse amor para crer que era real, bastava apenas crer em sua Palavra, que é a verdade pura, absoluta e digna de toda aceitação. O Deus Todo-Poderoso, que sempre esteve muito próximo, esperando o meu reconhecimento de sua paternidade, agora estava revelado e disposto a ensinar-me por meio de sua Palavra e de seu Espírito Santo a caminhar em fé, entendimento e sabedoria. Além disso, aprendi com a Palavra que Deus sempre se mostrou um Deus que é Pai e que tem prazer em cuidar dos seus amados filhos. E assim uma jornada de alegria, confiança, amizade, cumplicidade e muito amor iniciou em minha vida. Posso afirmar com convicção que descobri a minha paternidade em Deus quando conheci sua Palavra.

A seguir, destacarei alguns versículos bíblicos que me auxiliaram no desenvolvimento da minha compreensão acerca da paternidade de Deus, do seu amor, da minha filiação, das bênçãos disponíveis para os filhos e da nova vida em Cristo Jesus.

"Se você declarar com sua boca que Jesus é o Senhor e crer em seu coração que Deus o ressuscitou dos mortos, será salvo. Pois é crendo com coração que você é declarado justo, e é declarando com a boca que você é salvo" (Rm 10:9-10).

Deus em seu infinito amor estabeleceu que, se apenas crermos e confessarmos com a nossa boca a Cristo, seremos salvos. Não precisamos de intermediários humanos para acessá-lo; através de Cristo Jesus, teríamos acesso livre a Ele. Cristo é o nosso advogado, o mediador entre o homem e Deus Pai. Cristo era o Unigênito, mas após sua morte e ressurreição tornou-se o primogênito dentre muitos. O amor de Deus e a obediência de Cristo nos tornaram filhos de Deus.

"Vejam como é grande o amor do Pai por nós, pois ele nos chama de filhos, o que de fato somos!..." (1 Jo 3:1).

Deus nos concedeu um amor tão elevado que deu o que tinha de mais precioso para morrer em nosso lugar, o seu único filho Jesus. Ele, o Cristo, nos substituindo na cruz, levando os nossos pecados, pagando a nossa dívida; através dEle, Deus nos deu o perdão dos pecados e a salvação.

"Porque todos que são guiados pelo Espírito de Deus são filhos de Deus. Pois vocês não receberam um espírito que os torne, de novo, escravos medrosos, mas sim o Espírito de Deus, que os adotou como seus próprios filhos. Agora nós o chamamos 'Aba, Pai'" (Rm 8:14-15).

O selo de nossa filiação está em termos a presença do Espírito Santo habitando em nós, e o Espírito de Deus testifica com nosso espírito que somos filhos. Fomos adotados por Deus. As pessoas nascem em suas famílias e não podem escolher seus pais, e os pais não podem escolher seus filhos. Muitas vezes os filhos são rejeitados, outras vezes são frutos de escolhas que os próprios pais lamentam.

Na adoção é diferente, o Pai escolhe o filho no e com o coração. Deus nos escolheu em seu coração para sermos dEle. E através do conhecimento de sua Palavra e de um relacionamento pessoal podemos ficar cada dia mais parecidas com nosso Pai, desenvolvendo características de sua essência, como o amor, a misericórdia, a bondade e o seu caráter.

Deus não tem uma forma, mas uma imagem. Nós somos a imagem e a semelhança dEle neste mundo, e o desejo do nosso Pai é que essa imagem seja conhecida e reconhecida pelas pessoas que nos rodeiam.

"E ele lhes disse: Quando orardes, dizei: 'Pai nosso, que estás nos céus, santificado seja o Teu nome, venha o Teu reino; seja feita a Tua vontade, assim na Terra, como no céu [...]'" (Lc 11:2).

Jesus, durante seu ministério terreno, quando ensinou os seus discípulos a orar, as primeiras palavras que Ele falou foi "pai nosso". Jesus se colocou na posição de filho e ensinou os discípulos a se incluírem como filhos de Deus. Jesus veio agregar, veio para comunicar ao mundo que Deus é um pai bom, que anseia por relacionamento íntimo de pai e filho com o homem. Deus quer se comunicar, encorajar, ensinar, corrigir e mostrar o melhor caminho para termos uma vida abençoada.

"E se somos filhos, então somos herdeiros também, herdeiros de Deus e coerdeiros com Cristo [que compartilham sua herança com ele], se é certo que com ele padecemos, para que também com ele sejamos glorificados" (Rm 8:17).

Na vida natural, o herdeiro recebe bens que outra pessoa conquistou. Alguém se sacrifica durante sua vida para que um ente querido possa usufruir de todos os benefícios. Semelhantemente a um pai natural que se esforça durante sua vida para proporcionar o melhor para seus filhos, Cristo veio para que tenhamos vida, e vida em abundância. Ele veio para que possamos usufruir da herança disponibilizada para os filhos; essa herança inclui: saúde, paz, provisão, segurança.

A paternidade de Deus nos assegura o acesso a bênçãos disponibilizadas para os filhos. Heranças espirituais que também se manifestam no mundo físico. Como herdeiros de Deus, possuímos privilégios concedidos por Deus para vivermos aqui nesta terra.

"O qual [o Pai] nos tirou da potestade das trevas e nos transportou para o reino do Filho do seu amor" (Cl 1:13).

Antes de conhecermos a Cristo, vivíamos sob o domínio do inimigo de nossas almas; éramos subjugados por ele, escravos de sua influência, entregues aos nossos próprios pensamentos e desejos. Após nos tornarmos filhos, Deus nos retirou desse domínio, nos colocou em um lugar seguro, e fomos inseridos em seu reino. Nesse reino de amor, temos justiça, paz e alegria no espírito. Nesse reino foi nos dado autoridade e poder; estamos assentados com Cristo nas regiões celestiais. Nossa qualidade de vida mudou!

A revelação da paternidade de Deus impactará positivamente a sua vida e também das outras pessoas, afetando seu emocional, espiritual e, consequentemente, acarretando alterações físicas benéficas. O oposto também é uma verdade; filhos que cresceram sem a presença de um pai, ou cujo pai desempenhou de forma inadequada e pouco saudável sua paternidade, proporcionará a seus filhos um ambiente cujo desenvolvimento emocional, social, linguístico e cognitivo poderão ficar comprometidos.

Desfrute de sua paternidade, da liberdade de um relacionamento com Deus, dos benefícios de sua herança para ter uma vida abundante aqui na terra, e, mais do que tudo, de seu amor e de sua companhia diariamente. Deus nos ama, nos fez preciosas, talentosas, sábias e suas filhas.

BIBLIOGRAFIA

BÍBLIA SAGRADA. Bíblia de Estudo Campo de Batalha da Mente. Belo Horizonte: Bello, 2022.

BÍBLIA SAGRADA. Almeida Corrigida Fiel (ACF). Rio de Janeiro: Thomas Nelson Brasil, 2023.

BÍBLIA SAGRADA. Nova Versão Transformadora (NVT). São Paulo: Mundo Cristão, 2018.

"Descobri minha
paternidade em Deus
quando conheci
Sua Palavra."

Angélica Maciel

Chirlene Silva

Eu sou Chirlene dos Santos Silva, nascida em Belém/PA, casada com Kleyson Corrêa Silva, e estamos juntos há 31 anos; mãe de Kleyson Henrick Silva.

Sou empresária e uma empreendedora apaixonada pelo que faço, sempre buscando crescimento nos negócios, sem renunciar ao que considero minha maior habilidade: cuidar da minha família. Minha trajetória é marcada por determinação, fé e a certeza de que é possível alcançar o sucesso profissional sem perder a essência do lar.

chirlene_silva

+55 (91) 98139-9735

chirlenesilva10@gmail.com

FORJADA NA DOR: O CHAMADO DE UMA MULHER DE DEUS

3

Chirlene Silva

O amor é paciente, o amor é bondoso.
Não inveja, não se vangloria, não se orgulha.
Não maltrata, não procura seus interesses,
não se ira facilmente, não guarda rancor.
O amor não se alegra com a injustiça,
mas se alegra com a verdade.
Tudo sofre, tudo crê, tudo espera,
tudo suporta. (1 Cor 13:4-7)

O chamado de uma mulher de Deus nem sempre surge em momentos tranquilos. Às vezes, ele se revela no meio da dor, quando tudo parece desmoronar. Foi assim que descobri que o meu papel como esposa, ajudadora e serva do Senhor seria provado e fortalecido no momento mais difícil da minha vida: quando meu esposo sofreu um grave acidente de trânsito.

O dia que mudou tudo

Eu nunca esquecerei aquele dia: 18 de novembro de 2008. Tudo estava normal, a rotina fluía como sempre. Estávamos viajando de carro, conversando sobre planos para o futuro. A estrada era sinuosa e meu esposo dirigia com atenção, mas, em uma curva, ele perdeu o controle do veículo. O carro deslizou, saiu da pista e começou a capotar. Foram cinco capotamentos. Cinco momentos em que tudo parecia acontecer em câmera lenta, e, ao mesmo tempo, rápido demais para reagirmos. O mais impressionante é que não desmaiamos. Estávamos conscientes o tempo todo, vendo cada giro do carro, sentindo cada impacto. O barulho do metal se retorcendo, os vidros estilhaçando e a sensação de sermos lançados de um lado para o outro dentro do veículo ficaram gravados em minha memória para sempre.

Quando finalmente o carro parou, batendo em um barranco de terra, o silêncio tomou conta. Meu coração batia acelerado, minha respiração estava ofegante, mas eu ainda conseguia me mover. Olhei para o lado e vi meu esposo preso no banco do motorista, imóvel. Meu coração disparou, e um frio percorreu minha espinha. Ele me olhou, e naquele olhar havia mais perguntas do que respostas. Ele perguntou: "Você está bem?". Eu respondi: "Sim". Ele disse: "Eu não estou. Saia do carro e vá buscar ajuda".

Nosso carro ficou com os pneus para cima e ficamos presos pelo cinto de segurança. Ele soltou o meu cinto e, quando me desprendi do banco, comecei a quebrar o para-brisa do carro e consegui sair do veículo. Na estrada, fui socorrida por um morador que estava próximo. Carros começaram a parar e tentar ajudar, mas era impossível resgatá-lo sem a ajuda do corpo de bombeiros, que precisou cortar parte do carro para retirá-lo dali. Logo chegaram os paramédicos, e fomos levados às pressas para o hospital mais próximo. Ao chegar lá, as palavras do médico me atingiram como um golpe: "Tire seu esposo daqui. Ele sofreu uma lesão na medula e aqui não há recursos". Meu mundo desabou.

Naquele instante, percebi que minha vida mudaria completamente. Eu poderia escolher me desesperar ou confiar em Deus. E, mesmo sem entender tudo, decidi segurar nas mãos do Senhor. Aguardamos a ambulância para fazer a transferência para um hospital na capital. Assim que chegamos, ele foi levado diretamente para a UTI.

A caminho do hospital, em meio a muita dor, tudo o que ele balbuciava era "Me perdoa, eu te amo", como se estivesse perdendo sua vida.

Naquela noite, fui obrigada a deixar o hospital, pois não poderia permanecer ali. Eu não sofri nenhuma lesão e, por mais que quisesse ficar ao lado dele, tive que enfrentar a angústia de sair dali sozinha.

Ao chegar em casa, ainda em estado de choque, percebi que meu corpo estava cheio de estilhaços de vidro. Eu não conseguia dormir, minha mente não desligava. Só conseguia lembrar da sensação do capotamento, do carro girando, das sirenes e dos olhos do meu esposo, cheios de medo e dor. Tudo que eu pedia a Deus naquela noite era que ele sobrevivesse. Não conseguia pensar em mais nada, apenas clamar por sua vida. Ao amanhecer, corri de volta para o hospital para vê-lo novamente.

O impacto do acidente causou uma lesão na coluna dele a nível T4 e T5, deixando-o paraplégico. Esse diagnóstico mudaria nossa vida completamente. Mas, com fé, perseverança e muito esforço, meu esposo se reergueu. Hoje, ele usa cadeira de rodas, mas é totalmente independente e continua vivendo com determinação e propósito.

Após vinte dias, quando a medula descomprimiu, os médicos decidiram realizar a cirurgia. Foram oito horas de um procedimento reparador para dar sustentação à sua coluna e permitir que ele pudesse se sentar novamente. O tempo parecia não passar enquanto eu aguardava notícias. Naquele momento, dobrei meus joelhos e fiz uma oração a Deus. Entreguei a vida do meu esposo em suas mãos, pois não sabia como seria nossa vida dali em diante. Perante esse cenário, eu poderia me desesperar ou confiar em Deus. Escolhi confiar. E essa decisão mudou tudo.

Minha experiência com Deus

Durante esse período, minha relação com Deus foi profundamente transformada. Nunca eu havia sentido tanta necessidade de Sua presença. Havia dias em que eu me sentia forte, confiante de que Deus estava no controle. Mas também havia dias de lágrimas silenciosas, de dúvidas e de medo pelo futuro.

Foi em uma dessas madrugadas solitárias, enquanto eu orava no quarto escuro, que senti Deus falando ao meu coração: "Minha graça te basta, pois o meu poder se aperfeiçoa na fraqueza" (2 Cor 12:9). Essas palavras me sustentaram. Deus estava me ensinando a confiar nEle, não nas circunstâncias.

Eu via Sua mão em cada detalhe: no cuidado das pessoas que se dispuseram a nos ajudar, na provisão financeira para o tratamento, na paz inexplicável que me envolvia mesmo nos momentos de maior desespero. Havia uma força que não era minha. Era como se, no meu limite, Deus estivesse ali, carregando-me nos braços.

Na manhã seguinte, após a cirurgia, ele disse: "Esse efeito da anestesia não passa, eu ainda não sinto as minhas pernas". Foi a hora da conversa difícil. Puxei uma cadeira, segurei sua mão e disse: "Ontem, enquanto você estava no bloco cirúrgico, eu orava a Deus. Renovei meus votos com Ele. Dizia a Ele como eu era grata pela oportunidade de ser sua esposa, de termos nos tornado pais, de termos formado uma família. Você tem essa opção: continuar a viver com sua família ou desistir. Só que, se você desistir, eu não ficarei aqui. A dor pode ter mudado o nosso caminho, mas não pode roubar o propósito que Deus tem para nós".

As dificuldades da reabilitação

A reabilitação foi, sem dúvida, uma das jornadas mais difíceis que enfrentamos. Cada dia parecia apresentar novos desafios e lições. O corpo dele precisava aprender a se adaptar à nova realidade, sem os movimentos das pernas, e isso envolvia um processo complexo de fisioterapia e cuidados. Mas, o mais difícil para mim foi encontrar o equilíbrio entre apoiá-lo sem tirar dele a sensação de autonomia. Eu sabia que ele ainda queria se sentir útil, independente, mas, ao mesmo tempo, ele dependia de mim de maneiras que jamais imaginamos.

Havia dias em que ele lutava contra dores intensas, que pareciam não ter fim, e eu via o sofrimento nos olhos dele, sem saber exatamente como aliviá-lo. Às vezes, ele se sentia derrotado, questionando o propósito de tudo aquilo, e o desânimo se tornava um peso difícil de carregar. Mas, nesses momentos, era a fé que nos sustentava. Lembrei-me de Isaías 41:10, que nos dava força e esperança: "Não temas, porque eu sou contigo; não te assombres, porque eu sou o teu Deus; eu te fortaleço, e te ajudo, e te sustento com a destra da minha justiça".

Eu sabia que, além de ser esposa e ajudadora, eu também precisava ser mãe para o nosso filho, Kleyson Henrick, que, com apenas 9 anos, também estava lidando com as mudanças em nossa vida familiar. Havia dias em que as forças me faltavam, e o cansaço físico e emocional me consumia; em que o processo de adaptação à nova realidade foi para toda a nossa família.

Era incrível como, mesmo nas horas de maior dor e incerteza, Deus vinha ao nosso encontro. Ele nos dava forças para seguir, para enfrentar cada passo da reabilitação. Às vezes, parecia que não iríamos conseguir, mas Deus sempre enviava alguém ou algo que nos mostrava que não estávamos sozinhos. Havia momentos de silêncio, mas também de profunda conexão com Deus. E, a cada conquista, por menor que fosse, éramos lembrados de que a nossa fé em Sua promessa de ajuda, força e sustento era o que realmente nos mantinha firmes.

Chamada para amar em meio à dor

Talvez você esteja enfrentando uma situação que exija mais de você do que imagina ser capaz de dar. Talvez cuidar de alguém, perdoar, ou simplesmente permanecer esteja sendo um fardo pesado demais. Mas eu quero lembrá-la: Deus já colocou dentro de você tudo o que é necessário para essa jornada.

Ana chorou e clamou por um filho (1 Sa 1:10-11). Rute permaneceu fiel mesmo na perda (Rt 1:16-17). Ester enfrentou o rei para salvar seu povo (Et 4:14). E eu? Eu escolhi permanecer, amar e confiar. Assim como essas mulheres da Bíblia, você também pode escolher confiar no Senhor e encontrar forças nEle.

Confie que, com cada passo de fé, Deus renovará suas forças e a conduzirá para o cumprimento do propósito que Ele preparou para você. Se hoje você se vê diante de um desafio que parece maior do que suas forças, lembre-se: Deus não a chamou para desistir, mas para avançar. O amor verdadeiro se prova na fidelidade, e seu chamado se fortalece quando você escolhe amar, mesmo em meio à dor.

Como disse Viktor Frankl, renomado psicólogo e sobrevivente do Holocausto: "Quando não somos mais capazes de mudar uma situação, somos desafiados a mudar a nós mesmos". Esse é o poder da resiliência. Deus nos fortalece para transformar a dor em propósito e a fraqueza em testemunho.

Você não está sozinha. Deus está com você e a capacita a cada passo dessa jornada.

BIBLIOGRAFIA

BÍBLIA SAGRADA. Nova Versão Internacional (NVI). São Paulo: Editora Vida, 2001.

FRANKL, V. *Em busca de sentido*. Petrópolis: Vozes, 2020.

"A dor pode ter mudado o nosso caminho, mas não pode roubar o propósito que Deus tem para nós."

Chirlene Silva

Dayane Santos

Sou Dayane Caroline de Almeida Santos, natural de Ribeirão Preto/SP, e atualmente moro em Cuiabá/MT.

Sou filha de Raquel e Ademário, a filha do meio de quatro irmãos, Carlos, Daniela, Vitório e Júnior.

Sou casada com Bispo Dhyego Santos há dez anos, mãe do Davi, da Joana e das gêmeas Emanuelly e Gabrielly; também tenho uma filha do coração, Rebecca.

Sou pastora na Igreja Profética Casa do Avivamento, juntamente com meu esposo, pastoreando vidas.

Sou idealizadora do projeto + Amigas e da mentoria de mulheres O Despertar, em que acolhemos mulheres improváveis, apoiamos seus desígnios, e despertamos e as direcionamos para o seu chamado. Sou filha, esposa, mãe, pastora, amiga e serva de Deus.

pradayanesantos

+55 (65) 99233-1984

pradayanealmeida@gmail.com

Dayane Santos

UM CHAMADO DE DEUS PARA AMAR, SERVIR E INFLUENCIAR

4

Dayane Santos

Muitas pessoas, assim como eu, demoram um certo tempo para descobrir o seu chamado, enquanto outras ficam inertes e paralisadas ao ter uma pequena ideia do seu propósito, pois pensam que existem pessoas melhores, mais capazes, mais influentes e mais inteligentes, e a elas surgem muitas dúvidas e medos. A escolha de Deus manifesta a Sua glória geralmente àqueles que são humildes, incapazes, sem muitos recursos, descrentes, pessoas que carregam testemunhos fortes e impactantes — os improváveis.

> Mas Deus escolheu as coisas loucas deste mundo para confundir as sábias; e Deus escolheu as coisas fracas deste mundo para confundir as fortes; e Deus escolheu as coisas vis deste mundo, e as desprezíveis, e as que não são, para aniquilar as que são; para que nenhuma carne se glorie perante ele. (1 Cor 1:27-29)

Eu tinha apenas 14 anos quando Deus usou alguém para falar comigo pela primeira vez, uma adolescente que só queria curtir a vida com as coisas terrenas. Fui visitar uma amiga, sua tia estava sentada à mesa, e por várias vezes percebi que ela estava me olhando; foi então que ela pediu para orar comigo. Em sua oração, dizia: "Deus a ama muito e tem um plano lindo com você, você foi escolhida desde o ventre da sua mãe, vai se casar com um homem de Deus e ajudará muitas pessoas". Eu me lembro que na hora senti a presença de Deus, mas logo após isso, ri muito de tudo o que foi dito com minha amiga. Logo eu, toda bagunçada, nem namorado queria, muito menos as coisas de Deus, uma loucura o que aquela missionária estava dizendo naquele momento, mas Deus usa as coisas loucas desse mundo.

O tempo passou, muitas situações adversas ocorreram comigo, mágoas, abusos, traições, traumas... um bloqueio foi criado dentro mim. Eu não acreditava que Deus poderia estar comigo, que eu seriaescolhida por Deus. Minha vida estava desgovernada, e eu estava totalmente perdida. Havia momentos em que a dor era tão intensa na minha alma, que eu só queria paz, queria um socorro, um refrigério, que alguém me ajudasse; às vezes buscamos algo de alguém que só Deus pode nos dar, ou procuramos em coisas uma satisfação que só Deus pode nos preencher.

Foi quando recebi um convite para ir em uma igreja perto da minha casa. Nesse dia aconteceu de tudo para que eu não fosse, mas Deus já tinha aquele encontro marcado comigo. Minha amiga foi me buscar, me arrumei rapidamente e seguimos. Eu me recordo como hoje: estava sentada no penúltimo banco da igreja, quando o pregador foi até mim e disse: "Você é a menina dos olhos de Deus, Ele te escolheu dentro do ventre da sua mãe". Chorei muito, lembrei das palavras da tia da minha amiga; ele terminou dizendo: "Deus sempre esteve com você, Ele nunca te abandonou". Senti uma graça me envolvendo, as lágrimas jorravam, e a certeza de que Deus sempre esteve mesmo ao meu lado, todas as mentiras do diabo, as ideias de como Deus agia, caíram por terra naquele momento; senti o amor de Deus, me senti amada por Ele.

Penso em como Deus nos conhece até mesmo melhor que nós mesmos; Ele sabe e vê tudo. Temos a tendência de esquecer rapidamente das experiências com nosso Deus, esquecemos das palavras que Ele já falou, das promessas e de tudo que Ele faz e já fez por nós.

O chamado não começa pelo que achamos, e, às vezes, pensamos que começa quando levantamos as nossas mãos e aceitamos Jesus, quando dizemos "Eis-me aqui, Senhor, estou disponível". Deus age nos detalhes, operando em todo o processo. Há um tempo de amadurecimento, Deus tem suas formas de trabalhar em nós e através de nós. Como a Palavra nos ensina: "Não foste vós que escolhestes a mim, mas eu a vós" (Jo 15:16).

Eu frequentava muito pouco a igreja, grávida aos 20 anos. Em um culto, Deus falou muito comigo, aceitei Jesus e comecei a minha caminhada com ele. Estava muito dividida entre as coisas terrenas e Jesus, e sempre soube que o primeiro "não" para o mundo é sempre o mais difícil. Acordei muito cedo, parecia um dia comum, mas um sentimento ruim estava dentro de mim, não sei explicar ao certo o que se passava comigo, mas acordei e não queria me levantar; o corpo pesado e muito cansada, recebi o convite para ir ao Carnaval. Não consegui dizer o primeiro não; não queria ir, mas também não me posicionei para ficar. Houve um acidente na volta, ficamos prensados entre dois carros, e eu não tinha colocado o cinto de segurança. Todos se machucaram menos eu, na frente e do lado do motorista; não tive nenhum arranhão, sei que não foi sorte, mas a mão de Deus estava me guardando naquele dia.

Quando passamos por situações assim, valorizamos a vida, pois em um momento tudo pode ser interrompido, uma vida inteira paralisada. Deus é o Todo-Poderoso que dá e tira a vida. Entendi que é preciso tomar a decisão e renunciar tudo que nos afasta da verdadeira intimidade de Deus; escolher Jesus é renunciar o mundo.

Então eu me rendi à vontade de Deus, me entreguei totalmente a tudo o que Ele queria fazer. Em uma oração que fiz ao pai disse: "Senhor, quero ir mais fundo contigo, não quero mais o que é momentâneo, não quero mais estar no raso e nem na superficialidade; quero viver no centro da tua vontade, na boa perfeita e agradável vontade de Deus; quero deixar os meus sonhos para viver os sonhos de Deus".

O poder que há em uma oração! Meu Deus, quantas experiências passei depois dessa oração! Entender que viver o chamado de Deus é intenso e grandioso, é sobre o que Deus quer fazer e não sobre a nossa vontade.

Quase perdi duas filhas, uma por não entender que é preciso obedecer à vontade de Deus e seguir em obediência, e a outra por Deus estar colocando minha fé em ação, me ensinado que ventos contrários servem para fortalecer nossas raízes, forjar bons marinheiros, e mostrar quem somos nos momentos difíceis, em quem iremos confiar, e o mais importante: quem Deus é! Ele tem todo o poder, uma palavra dele muda tudo, situações, diagnósticos e histórias. Viver o chamado é entender que vivemos a vontade daquele que nos chamou, um desígnio que Deus já preparou, já está dentro de cada uma de nós. Dores são experiências que nos entregam autoridade em ministrar em outra pessoa.

> O espírito do Senhor Deus está sobre mim; porque o Senhor me ungiu, para pregar boas novas aos mansos; enviou-me a restaurar os contritos de coração, a proclamar liberdade aos cativos, e a abertura de prisão aos presos;

> A apregoar o ano aceitável do Senhor e o dia da vingança do nosso Deus; a consolar todos os tristes;
>
> A ordenar acerca dos tristes de Sião que se lhes dê glória em vez de cinza, óleo de gozo em vez de tristeza, vestes de louvor em vez de espírito angustiado; a fim de que se chamem árvores de justiça, plantações do Senhor, para que ele seja glorificado.
>
> E edificarão os lugares antigamente assolados, e restaurarão os anteriormente destruídos, e renovarão as cidades assoladas, destruídas de geração em geração.
>
> E haverá estrangeiros, que apascentarão os vossos rebanhos; e estranhos serão os vossos lavradores e os vossos vinhateiros.
>
> Porém vós sereis chamados sacerdotes do Senhor, e vos chamarão ministros de nosso Deus; comereis a riqueza dos gentios, e na sua glória vos gloriareis.
>
> Em lugar da vossa vergonha tereis dupla honra; e em lugar da afronta exultareis na vossa parte; por isso na sua terra possuirão o dobro, e terão perpétua alegria. (Is 61:1-7)

Deus a chamou para uma grande obra, não permita que a voz do medo, a comparação ou a competição entrem em seu coração; entender isso é fundamental, pois muitas vezes tudo isso me paralisou, até entender que Deus usa cada uma de uma forma, de um jeito; cada uma foi escolhida para viver o chamado de Deus. Ele é único, singular e original.

A mulher com um chamado tem seus momentos de solitude, dias cansativos, opressões e desânimo. Nesses dias, nesses momentos, é preciso respirar, desacelerar e descansar um pouco; você não precisa ser forte o tempo todo, lembre-se de que você precisa estar bem para cuidar de alguém. Deus nos chama para um relacionamento sobrenatural, sem religiosidade, sem máscaras, uma total entrega, sem reservas; com Jesus você pode ser sincera e verdadeira, expressar suas fraquezas e limitações. O poder de Deus se aperfeiçoa na nossa fraqueza (2 Cor 12:9-10).

Experiências de dores, traumas, medos, rejeições, frustrações, incapacidades, tudo o que passamos, tudo o que vivemos, todas as superações contribuem para que possamos viver o chamado de Deus. A autoridade, a ousadia, o temor, a sabedoria, a unção, os dons espirituais, a originalidade, tudo será despertado através da intimidade com Deus. A leitura da Palavra, a santidade e as renúncias diárias são ferramentas necessárias para você viver tudo aquilo que Deus colocará diante de você. É preciso saber quem você é em Deus; sua identidade tem que estar firmada nEle, para que você não tenha medo da invalidação humana ou desaprovação terrena.

A palavra nos ensina que muitos são chamados, mas poucos são os escolhidos (Mt 22:14). Ouvir o chamado não é o suficiente, é preciso ouvir, obedecer e agir. Quando aceitamos o chamado, somos submissas às ordenanças de Deus, deixando tudo que nos afasta do propósito, abandonando o nosso próprio entendimento e seguindo as orientações do Senhor. Muitas vezes, não vamos entender; é preciso confiar.

Somos chamadas por Deus, mas sempre será para ajudar alguém, um povo ou uma nação. A história de Ester, por exemplo, é linda: uma órfã, tão humilde e pequena ao olhar humano, em meio a uma multidão, entre muitas opções, foi a escolhida; a graça de Deus estava sobre a vida dela, e ela seria usada como um canal de bênção para salvar um povo; mas ela precisou se posicionar, buscar estratégias de Deus e ocupar o seu lugar.

Deus a escolheu como uma guerreira do Senhor. Você é forte e corajosa, a graça dEle está sobre a sua vida, suas dores ativam seus dons, as cicatrizes demonstram que você venceu, foi chamada para despertar, curar, libertar e influenciar. O seu testemunho de fé, perseverança e determinação levantarão muitas mulheres. Chegou a hora de romper, avançar e nunca desistir.

BIBLIOGRAFIA

BÍBLIA SAGRADA. Almeida Corrigida Fiel (ACF). Rio de Janeiro: Thomas Nelson Brasil, 2023.

BÍBLIA SAGRADA. Almeida Revista e Atualizada (ARA). Barueri: Sociedade Bíblica do Brasil, 2021.

BÍBLIA SAGRADA. Nova Versão Internacional (NVI). Rio de Janeiro: Thomas Nelson Brasil, 2021.

“Mulheres com
um chamado
enfrentam dores,
aflições e rejeições,
mas também
adquirem intimidade,
experiências,
autoridade e honra.”

Dayane Santos

Elisandra Leal

Sou Elisandra Leal, natural de São Paulo/SP, casada com Evandro Leal; temos quatros lindos filhos: Bruna, Beatriz, Daniel e Samuel Leal.

Sou administradora, escritora, Mentora do Lar (Devi Titus), pastora fundadora da Igreja Evangélica Força para Viver (IEFPV), juntamente com meu esposo desde 2006, além de inspiradora e fundadora do Movimento Mulheres que Levantam Mulheres (MMQLM).

Conheci o Senhor Jesus aos 17 anos e desde então tenho convicção que sem Ele nada eu posso ser ou fazer. Somos apaixonados por Jesus e trabalhamos arduamente em favor do Reino. Em 2006, fundamos a IEFPV por direção de Deus; uma família linda e cheia a graça de Deus.

Uma das primeiras direções dadas por Deus foi o ministério com mulheres, e com o passar dos anos, Ele tem revelado sua vontade e me ajudado no cumprimento desse lindo propósito.

bispaelisandraleal

mqlmulheres

bispaelisandra.leal@gmail.com

MULHERES COM UM CHAMADO

VOLUME 3

MEU CHAMADO

5

Elisandra Leal

Acredito que chamado é um plano que Deus tem proposto para cada pessoa, o qual Ele nos convida a seguir. Sim, é um convite, e desde muito jovem, quando comecei a acessar a palavra de Deus e me maravilhar com seus feitos, a cada leitura o meu coração ardia, então orava pedindo que tivesse experiências individuais com Ele. E foi assim, de maneira simples e verdadeira, que aprendi a trilhar o caminho da oração e contemplar a presença de Deus.

Tenho 36 anos de conversão e provei inúmeras vezes a manifestação do amor e a misericórdia de Cristo Jesus de forma sobrenatural. Tendo contemplado a resposta de Deus sobre as minhas orações, mesmo quando a resposta é não, aprendi que a negativa do Senhor nos protege e ainda que não compreendamos no momento, compreenderemos depois. Pertencemos a um Deus de detalhes que sempre tem providenciado tudo que precisamos de uma maneira linda.

Enquanto escrevo, lembro-me da passagem de Neemias, que, após ter orado por muitos dias em favor de Jerusalém, que estava destruída, com seus muros derrubados e portões queimados, em sua intercessão experimentou a vontade de Deus. Foi esse sentimento que reinou sobre o coração dele, pois era tempo do cenário ser transformado, e esse homem havia sido escolhido para ser um instrumento nas mãos de Deus, e liderou um caminho de restauração daquela cidade. Neemias afirma isso dizendo que foi Deus que propôs em seu coração o que deveria fazer em Jerusalém.

"Então, à noite me levantei, e uns poucos homens, comigo; não declarei a ninguém o que o meu Deus me pusera no coração para eu fazer em Jerusalém" (Ne 2:12).

É importante enfatizar que aquilo que está designado por Deus para ser realizado através de nós será introduzido em nosso coração e sempre em favor de algo maior que imaginamos. Muitas adversidades se levantaram e foram vencidas por Neemias, pois o coração dele estava preparado por Deus para tal obra e ele se levantou e assumiu com responsabilidade a tarefa que lhe foi confiada, com firmeza e determinação, não vacilando seus pés, pois tinha a convicção que o Senhor iria prosperar a missão.

É verdade que existem muitas situações que nos abalam ao ponto de ficarmos enfraquecidos até entendermos o que Deus quer nos direcionar ou nos revelar, e quando fica claro, então Ele nos levanta, fortalece e envia ao centro da sua vontade.

Nunca permita que existam dúvidas em seu coração a respeito do que o Senhor confiou a você, e tenha convicção de que Ele sempre estará com você, independente das falácias, afrontas e zombarias. Quem é convicto do seu chamado não se abala, mas tem respostas de autoridade a qualquer situação a ser enfrentada. Minha oração por você é que no momento certo o Senhor encha sua boca de palavras de autoridade que farão o inferno se calar e retroceder em nome de Jesus Cristo.

O temor do Senhor é a garantia do sucesso em nosso chamado

"O temor do Senhor é o princípio da sabedoria, e o conhecimento do Santo a prudência" (Pv 9:10).

O temor ao Senhor fala sobre um profundo respeito por Deus e o querer agradá-Lo. Temer a Deus é uma atitude sábia. Sempre foi essa minha convicção, e mesmo engatinhando na fé fui observando e, muitas vezes, testemunhando a ausência do temor ao Senhor que causou decepção ao meu coração.

Acredito que um dos motivos de sermos tão abençoados no ministério que Deus nos confiou é buscarmos honrá-Lo em tudo, respeitar as lideranças e amar as pessoas. Infelizmente, muitos não consideram nem mesmo o momento de comunhão na ceia do Senhor, que acreditamos ser um momento de fortalecimento, renovação de aliança, negligenciando algo tão especial entre o povo de Deus. Vivemos um tempo em que as prioridades são outras, o que consta nas agendas são muitas atividades pessoais e se sobrar algum tempo então será para uma agenda com Deus. Que em nossas agendas o primeiro seja Ele e as coisas do Alto.

"Portanto, se fostes ressuscitados juntamente com Cristo, buscai as coisas lá do alto, onde Cristo vive, assentado à direita de Deus" (Cl 3:1).

Assumir o chamado

Eu assumi o meu chamado e comprovo, pois, durante toda minha trajetória até aqui — casei-me aos 24 anos, mãe de filhos, cursei faculdade, especializações, trabalhando secularmente há cerca de 34 anos consecutivos e pastoreando rebanho — nunca neguei nada ao Senhor e sempre tenho buscado fazer o meu melhor, mesmo cansada devido a tanta correria; faço tudo com alegria, pois Ele pode contar comigo. Eu aceitei o convite de assumir uma vida na qual não vivo, mas Cristo vive em mim. "Logo, já não sou eu quem vive, mas Cristo vive em mim" (Gl 2:20-21).

Será impossível dar conta do seu chamado se não houver essa entrega e envolvimento. Eu me sinto completa estando envolvida com a obra ao ponto de meus filhos me dizerem: "Senhora, você precisa diminuir seu ritmo". Aos meus 50 anos, continuei acelerada e disposta. Não quero parar e poucas foram as vezes que tentei diminuir o ritmo, e a impressão foi estar perdendo tempo. Tenho orado para que eu esteja envolvida com o que o Senhor está, pois muitas vezes até por amar demais o Reino podemos entrar em um modo automático acreditando que seja a vontade de Deus.

"Ensina-nos a contar os nossos dias para que o nosso coração alcance sabedoria" (Sl 90:12).

Compartilho que diversas vezes, de uma forma incrível, a partir de um pensamento, eu me movimentava a fazer algo e logo entendia que era um impulso de Deus sobre minha vida para avançar no que estava reservado para aquele tempo. Para atingirmos o que Deus propôs para nós é necessária essa busca da sensibilidade espiritual, uma vez que somos seres espirituais.

“Ora, o homem natural não compreende as coisas do Espírito de Deus, porque lhe parecem loucura; e não pode entendê-las, porque elas disserem espiritualmente” (1 Cor 2:14).

Existem muitas coisas da parte de Deus a nos serem apresentadas, e precisamos desejar atingir esse nível de revelação, pois ela está liberada para nós como seres espirituais. Infelizmente, por falta de entendimento ou posicionamento no Reino de Deus, muitos estão paralisados ou seguem de forma enfraquecida, mas, se houver mais dedicação e busca de forma intencional, o Senhor nos concederá ferramentas para prosseguirmos firmemente em nosso chamado.

Movimento Mulheres que Levantam Mulheres

Precisamente em 2019, após uma conferência de mulheres, o Senhor soprou sobre meus ouvidos. Sempre atuamos com mulheres, e esse nome somente com o tempo foi fazendo sentido, e tenho descoberto a grandeza do projeto aos poucos. Em plena pandemia, alugamos nossa Casa Rosa, onde realizamos algumas atividades voltadas para o desenvolvimento e o autoconhecimento de mulheres. Uma das atividades principais tem sido restaurada, que é um projeto de cura interior, cuja turma é acompanhada por 365 dias. Já estamos na quarta turma para glória de Deus. Já realizamos muitas oficinas de artesanato, corte e costura e confeitaria, e seguiremos, pois acreditamos que são possibilidades para movimentação financeira das vidas dessas mulheres.

O que o Senhor tem me confiado busco com entendimento multiplicar de maneira fiel, pois sei que é isso que o meu Senhor espera. Estamos em uma geração que a maioria dos movimentos são on-line, pois em um tempo tão corrido torna-se uma oportunidade para muitos; porém, ainda é preferido os movimentos à moda antiga, nos quais podemos de fato olhar nos olhos e acolher com abraços cheios de amor de Deus.

Tenho uma jornada diária bem corrida; meu dia começou aproximadamente às seis horas da manhã e não tem hora para acabar, mas busco dormir minimamente o que é recomendado. Uma vez por semana temos um movimento de oração intitulado Terça Sobrenatural, e esse é um ambiente totalmente profético em que, com doze ministras, declaramos a palavra de Deus e fazemos orações intercessoras com imposição de mãos, e temos acolhido mulheres de todos os lugares um ambiente poderoso.

Compartilho também que em dezembro de 2024, em um retiro de terceira idade, recebi uma revelação poderosa para criar um grupo de mulheres com idade acima dos cinquenta anos, o que foi muito profundo, pois faria cinquenta anos em maio de 2025, e entendi que esse ambiente seria importante para meu segundo *round*; iniciamos em julho de 2024. O cuidado de Deus é tão constrangedor, pois Ele cuida muito bem daqueles que confiam nEle. Somos quase cinquenta mulheres com um encontro mensal e a cada ministração sou curada e preparada para a melhor fase da minha vida, que é um tempo de aprender a viver a solitude e ser madura para aceitar as limitações naturais sem perder o contentamento da vida. O nome do nosso grupo é Rubis — somos pedras valiosas e lapidadas por Deus e a cada encontro saímos mais vivas.

Para encerrarmos, temos um grupo de missionárias que lidero e fazemos missão no sertão no Ceará desde novembro de 2022. Nossa última missão foi em 28 de fevereiro 2025, enquanto escrevia este capítulo. Fomos em dez missionários e, minimamente uma vez por ano, nos movimentamos como Missão Sertão e com alegria dedicamos nosso tempo e investimentos financeiros para realizarmos aquilo que Deus espera que façamos. Nunca retornamos da mesma maneira dessas viagens e sempre levamos o suficiente para os territórios que visitamos.

Nessa última missão, entre muitas experiências vividas, uma jovem me chamou a atenção: Auri, muito dedicada e cheia de expectativa de ver o território em que nasceu ser abençoado. Nos dias em que ficamos em obra, vimos tantas necessidades, como infraestrutura e outros, e um povo firme orando e vendo a provisão de Deus chegando de todos os lugares, e ela de maneira muito emocionada nos dizia que nós éramos resposta de Deus para eles.

Finalizo o capítulo dizendo que a minha oração é estar envolvida com o que o meu Senhor está envolvido.

"Conheçamos e prossigamos em conhecer ao Senhor" (Os 6:3).

"Quem está nEle
é frutífero."

Elisandra Leal

Fabiola Lacerda

Nascida em Itabuna, interior da Bahia, me mudei para capital Salvador aos 17 anos. Eu me casei com o amor da minha vida, Marcelo, e temos dois filhos, o Marcelinho e o Levi.

Meu chamado é ativar mulheres para que vivam seu propósito e exerçam a sua influência nessa geração. Todas nós temos uma mensagem para entregar e o começo de tudo é sempre o resgate da nossa essência, pois o propósito habita na identidade curada.

Sou mentora de mulheres, especialista comportamental, escritora e palestrante, mas as minhas maiores credenciais são os meus processos vencidos. Eles que me dão autoridade para ajudar tantas mulheres. Idealizadora da Escola de Mentoras, hoje com embaixadoras em seis países.

fabiolalacerdaoficial

escoladementoras

+55 (11) 93315-6018

AJUSTANDO A ROTA DA VIDA

6

Fabiola Lacerda

Eu já tentei mudar quem eu era. Ah, como lembrar disso me faz ser grata a Deus por ter me alcançado com a sua graça! Entretanto, não sinto nenhuma culpa ao lembrar das inúmeras vezes em que eu me senti perdida dentro de mim mesma. Eu estava insatisfeita com minha essência. Hoje, só posso compartilhar minha história com você porque um dia estive perdida e me encontrei.

Deixe-me explicar melhor: é a insatisfação consigo mesma que gera um desejo por mudança. Chega uma hora em que se torna exaustivo não sermos quem nascemos para ser. As máscaras precisam cair. Não dá para prosseguir assim! Você já viveu ou está vivendo com essa sensação de estar perdida de si mesma? É muito ruim! Fomos criadas para cumprir o plano perfeito de Deus.

Quando isso não acontece, a vida se torna um fardo pesado e cansativo. Eu me lembro bem de quando comecei a me sentir extremamente cansada de viver buscando agradar a todos. Eu estava me alimentando da validação das pessoas. Eu já não era mais a Fabiola autêntica e real, e vivia isso por medo de ser desaprovada e rejeitada. Isso é muito sério. Pense comigo: se não nos aceitamos como somos, estamos, na verdade, negando a criação de Deus. Você concorda? Ele nos criou exatamente como somos. A cor da pele, os cabelos, nossa personalidade, nossas habilidades naturais, tudo foi criado com uma perfeita harmonia, a fim de cumprirmos o nosso propósito.

Quem somos nós para questionar esse projeto tão perfeito e harmônico? No dia em que eu entendi isso, um temor muito grande veio de encontro com o meu coração. "Eu não posso negar a minha essência!", pensei. Meu primeiro movimento foi buscar ajuda na psicologia cognitiva. Decidi me abrir para a terapia, e foi uma experiência incrível passear pelo meu passado. Pude identificar esquemas de comportamento e me perceber melhor, conhecendo algumas lacunas emocionais que eu carregava. Hoje, posso afirmar que essa foi uma decisão certeira, pois a terapia me impulsionou a mergulhar ainda mais fundo no autoconhecimento e a buscar em Deus a minha verdadeira identidade.

Não sofra sozinha. Se achar necessário, busque ajuda profissional, ou procure alguém da sua confiança para conversar sobre seus sentimentos. Não há nada de errado nisso. Observe este versículo, que está no livro de Tiago: "Portanto, confessai vossos pecados uns aos outros e orai uns pelos outros para serdes curados. A súplica de uma pessoa justa é muito poderosa e eficaz" (Tg 5:16). Muitas vezes, tudo que precisamos é abrir nosso coração.

Nós precisamos desenvolver o hábito de confessar nossos pecados, falar sobre nossas lutas e expor nossas vulnerabilidades. Vejo que a grande dificuldade no processo de cura está aqui, neste ponto. O ato de se expor mostrará suas imperfeições, derrubará suas máscaras e destruirá a imagem que foi construída e controlada. Este processo acabará com a versão fake, que foi criada para agradar as pessoas.

Você está disposta a resgatar a sua essência? Se você respondeu que "sim", parabéns! No entanto, saiba que você precisará ser autêntica. A autenticidade tem um preço. Para alguns, ele pode ser alto demais. Gosto de falar sobre isso para que você entre nesse processo estando consciente do que precisará renunciar. A primeira coisa que você precisa entender é que muitas pessoas amam a sua versão *fake*, e isso não é culpa delas, é apenas o que lhes foi apresentado. Por isso, quero que você entenda, a sua autenticidade certamente desagradará alguns. Mesmo assim, vale a pena, pois isso acabará contribuindo para um filtro natural.

Só ficará quem a aceitar como você realmente é. Outro ponto que gostaria de tocar é o fato de que você será julgada. Sim, existem pessoas que não acreditam na nossa mudança e elas tentarão nos desestabilizar a todo momento com críticas, piadas de mau gosto e até com calúnias e difamação. Elas farão isso na tentativa de invalidar sua transformação. Nesse ponto, tudo que você precisa entender é que as pessoas feridas costumam ferir outras. Essas pessoas dão aquilo que tem para dar, e isso não é sobre você, é sobre elas.

Geralmente, quem age assim nunca construiu nada. São pessoas que passam a vida sem dar frutos, e por isso têm tempo de sobra para criticar e falar mal dos outros. Fuja dessas pessoas! Quando entendemos isso, uma chave se vira. Nunca se justifique nem tente se explicar para quem não estará com você nessa caminhada; quando você se justifica, tira de Deus a chance de fazer isso por você. "Por seus frutos os conhecereis. Porventura colhem-se uvas dos espinheiros, ou figos dos abrolhos?" (Mt 7:16).

Foi o próprio Jesus quem disse isso. Se seremos conhecidas pelos nossos frutos, fica bem claro que não é pelo que falamos, não é por nossas justificativas, mas pelo nosso comportamento. Sendo assim, não permita que esse tipo de ofensa acesse o seu coração. Guarde-se. Se for possível, se "esconda" dessas pessoas, e só apareça quando já se sentir fortalecida para se posicionar sem se ferir. Em meio às minhas dores, eu já me perdi de mim mesma, dando lugar às críticas e às ofensas. Já abri mão da minha originalidade, da vida que Deus planejou para mim, para corresponder às expectativas de outras pessoas. Até que um dia, em meio a todo esse vazio, fui confrontada pela pergunta: "Até quando?".

Não tive outra escolha senão me render a um processo que nunca imaginei viver. Decidi caminhar, mesmo sem nada entender. Quando fecho meus olhos, me lembro dos detalhes da minha jornada, de cada lágrima derramada, de cada dor que parecia nunca passar, de cada renúncia que precisei fazer. Atualmente, por outro lado, eu me lembro com felicidade e celebro ter chegado até aqui e poder compartilhar minha história com você. Foi através desse processo que o oleiro me moldou, como se eu fosse um vaso de barro. Ele me refez com amor e me realinhou ao seu plano original. Desde então, meu compromisso é pregar que, sem dor, não há cura. Não existe propósito sem processo. Não existe novo sem renúncia.

Nós fomos criadas para viver em plenitude. Mas, afinal, o que é ser uma mulher plena? Primeiramente, é preciso compreender que plenitude não é sinônimo de perfeição. De acordo com o dicionário, "plenitude" tem as seguintes definições: "algo completo, cheio, inteiro".

O que posso extrair disso é que ser plena é se sentir inteira e completa. Mais uma vez estamos falando de identidade restaurada, pois, quando sei quem verdadeiramente sou, me sinto completa. Esse é o padrão de excelência de Deus para todas nós. Ele nos quer inteiras e completas nEle. Esse padrão de excelência envolve todas as áreas de nossa vida; afinal, não tem como ser inteira vivendo em excelência em algumas áreas, mas em outras, não. Uma mulher curada está sempre em movimento, está sempre buscando crescer, aprender e se estabelecer na plenitude. A partir de hoje, você não está mais inconsciente. Você foi habilitada para descer mais fundo e desfrutar de coisas que estavam aguardando a sua maturidade para serem liberadas.

Agora você já está pronta para receber o amor incondicional de Deus. Mesmo sem merecermos, saiba que Ele nos ama como somos, com todas as nossas imperfeições. Não sei qual é a sua referência de amor. Não sei se você teve dificuldades com seus pais, se foi rejeitada ou se sofreu um abandono. Mas uma coisa eu sei: mesmo que nossos pais nos deixem, Ele jamais nos deixará. Aceite a paternidade de Deus, aprenda a ser amada como você nunca foi.

A grande verdade é que nós temos o terrível hábito de nos definirmos pela lente dos nossos erros. Meu convite é que você se permita olhar para si mesma com amor. Valorize a sua singularidade. Suas características são únicas e sua autenticidade é inconfundível! Nunca se esqueça de que as pessoas nos definem pelos nossos erros, mas que Deus enxerga nossas possibilidades. Tenho concluído, através das minhas experiências como mentora de mulheres, que grande parte das pessoas reclamam de falta de tempo para investir no seu crescimento.

Entretanto, após algumas conversas, fica muito claro que tempo nunca foi o problema, mas a gestão dele. O problema está na falta de disciplina, no padrão mental de desordem e de procrastinação. Nossa vida reflete o quanto nós nos entregamos aos processos de cura. Precisamos ser intencionais na busca por crescimento e melhoria, e não simplesmente inventar historinhas que validem nosso próprio caos. Muitas pessoas podem confiar no seu potencial e reconhecer os seus talentos, mas você só chegará ao topo se você mesma acreditar. Não perca mais tempo, a vida passa muito rápido. Até quando você vai continuar vivendo na mediocridade, guardando seus sonhos na gaveta, admirando as conquistas de outras mulheres, enquanto você está aí, parada, se alimentando das mentiras que foram lançadas na sua vida? O tempo continua passando. Na verdade, ele não para nunca.

Chegou o momento de romper de uma vez por todas com o vitimismo, com a culpa e com o sentimento de incapacidade que a paralisaram até aqui. Ao terminar essa leitura, você se tornará a única pessoa responsável por sua história. Está pronta para se levantar e começar uma nova história?

BIBLIOGRAFIA

PLENITUDE. *In*: Priberam Dicionário da Língua Portuguesa. Disponível em: https://dicionario.priberam.org/plenitude/. Acesso em: 27 mar. 2025.

BÍBLIA SAGRADA. Nova Versão Internacional (NVI). São Paulo: Editora Vida, 2018.

"Descubra quem você é. Posso garantir que não vai querer ser mais ninguém além de você mesma."

Fabiola Lacerda

Fátima Serra

Como cristã em processo de autoconhecimento, descobri que sou uma das eleitas de Deus para boas obras na geração de 1960, em São Luís/MA. Filha amada de Antônio e Teresinha.

Como sacerdócio real, herdeira do Amor, sou preciosa; como nação santa, sou separada para inspirar mulheres, com conhecimento e fé; como povo exclusivo de Deus, sou preparada dia a dia para levar as boas-novas aonde for — que honra chegar até você (1 Pe 2:9).

Como estudante, sou dedicada: me tornei doutora em Educação (FEUSP), mestre em Desenvolvimento Humano (UNITAU), mestre em Educação (IPLAC); pedagoga (UFMA), administradora (UEMA) e terapeuta integrativa especialista em mulheres (Escola TEPM/FBr).

Atuo na formação docente no Ensino Superior desde 1990 e com o universo emocional feminino desde 2024.

fafariso.tepm

+55 (98) 98198-6688

fafariso.tepm

ARRANCADA A FÓRCEPS PARA NASCER NO PROPÓSITO

7

Fátima Serra

Este texto é um modo de servir a Deus e honrar os meus pais. É fruto da visão de fé e do processo terapêutico, que tratou a criança e a mulher ferida emocionalmente que fui por 62 anos.

Uma ferida emocional depende do significado que a criança dá ao fato que vivencia e nem sempre sangra ou marca a pele, mas a alma. E do ponto no qual foi gerada em diante, ocorrem empilhamentos de experiências que fortalecem a memória da ferida e modelam os comportamentos até a vida adulta. Dito isso, esclareço que este registro não tem conotação de culpabilidade, senão de acolhimento à história na qual encontrei cura, embora com ressignificação tardia, porém em tempo de me trazer paz.

Da criação às memórias do nascimento

A minha história começou a ser contada com a descoberta da "substância ainda informe", que iria mudar a vida de uma adolescente de 17 anos e a de um jovem de 30. Como o salmista, posso louvar a Deus, que me teceu no seio de minha mãe (Sl 139:13-16).

Duas memórias construí sobre o dia 30 de abril de 1961. De um lado, minha mãe dizia, sentida, que foi para a maternidade "em sofrimento". Por outro lado, meu pai contava orgulhoso sobre o aluguel do carro de luxo para aqueles momentos.

Em todos os meus aniversários, meu pai passava o mês todo me parabenizando; e no meu dia, minha mãe dizia que ela sofreu muito no parto; que eu dei "trabalho para nascer"; que ela foi cortada, e que me "arrancaram a fórceps". Traduzi e guardei na memória que eu era responsável pelo sofrimento dela, que eu não merecia comemorar.

No meu aniversário de 62 anos, iniciando o processo de autoconhecimento, porém movida pela revolta, disse para minha mãe que não queria mais ouvir aquela história, que não tive culpa da sua dor, que ouvir aquilo por anos tinha me feito mal.

Do empilhamento de memórias traumáticas até a adolescência

Até a adolescência, apanhei da minha mãe, por travessuras ou malcriação, como ela diz. Assim, cresci com a ideia de que eu fazia coisas erradas e precisava ser punida. A sensação de culpa e não merecimento seguia sendo reforçada.

Em paralelo, sentia falta do meu pai, que estava sempre trabalhando, e nunca me acudia das surras. Quando fiz 12 anos, senti que o tempo dele para mim diminuiu ainda mais quando ele gerou dois filhos, um com a minha mãe e outro fora do casamento. Neguei por anos a outra família do meu pai, até que me rendi ao amor.

Das crenças na juventude

Na juventude, o meu foco era conquistar uma profissão e uma família feliz. Fui incentivada pelos meus pais a primeiro "me formar", pois o trabalho deveria ser minha "muleta", e assim fiz. Tive alguns namorados, mas só me apegava aos indisponíveis ou com necessidade de ajuda emocional.

Dos novos empilhamentos de experiências emocionais impactantes

Aos 27 anos me casei. O relacionamento gerou duas filhas e a dor profunda por não ter sido uma família funcional. A primeira tentativa de sair daquela relação, por volta dos meus 29 anos, com as filhas pequenas, foi frustrada, ao tempo em que ativou as memórias de falta de amor e enfraqueceu tentativas futuras.

Naquela tentativa, senti várias sensações que fortaleceram feridas emocionais modeladas na infância. Eu me senti **traída** pela minha madrinha, a quem recorri, e, sem eu saber, marcou uma reunião com meus pais para "resolvermos a situação". Foi **injusto** ouvir dos meus pais, depois do que relatei à espera de apoio: "procurem se entender, salvem o casamento". Senti que a minha dor foi **rejeitada** por quem deveria me acolher. Doeu, porque não era só eu a ser **abandonada** ali, mas minhas filhas. Senti-me **humilhada** diante do meu abusador, que saiu com o crédito de que iria mudar, e eu com o papel de ajudar na mudança dele. Fiquei sem chão!

Concluí com tristeza: meus pais não ligavam para mim! As sensações se transformaram em mágoa e raiva, principalmente da minha mãe. Restou-me viver no modo "refugiada", esperando o milagre. Vivi pela fé em Deus, meu refúgio e fortaleza (Salmos 46:1).

Da decisão pelo amor a Deus

Decidi olhar para a pessoa de Jesus aos 31 anos. Seu amor e a presença do Espírito Santo me sustentaram (e me sustentam). Crer "que todas as coisas cooperam para o bem daqueles que amam a Deus, daqueles que são chamados segundo o seu propósito" (Rm 8:28) nutria minha fé.

Confiava que Deus não permitiria que eu fosse tentada além das minhas forças (1 Cor 10:13) e, hoje, creio que precisei passar pelas experiências traumáticas que passei, para que eu olhasse em três direções: para Deus, para mim e para a minha história. Saber que "[...] a paz de Deus, que excede todo o entendimento, guardará os vossos corações e as vossas mentes em Cristo Jesus" (Fp 4:7) me mantinha animada em meio às aflições (Jo 16:33). No entanto, não entendia que para ter paz, eu deveria olhar para as minhas emoções e pensamentos, e eu buscava a paz em casa, no outro.

Da decisão pelo amor-próprio

Olhei para a minha realidade aos 62 anos; senti que em alguma medida fui rejeitada, abandonada, traída, injustiçada e humilhada no relacionamento com juras de amor.

Levei um choque ao tomar consciência, em processo terapêutico, que eu não vivia um casamento, e sim um jogo, no qual eu havia perdido força, coragem, alegria, o pouco que tinha de amor-pró prio, saúde emocional e até física. E me questionei: "Mas não sou mais que vencedora por meio daquele que me amou, como diz em Romanos 8:37? Como posso me deixar ser aniquilada nesse jogo?".

Não era mais a sensação de rejeição da minha mãe em dores de parto, nem a angústia que eu sentia no meu aniversário; não era a minha percepção da ausência do meu pai que saía para trabalhar ou para ver os outros filhos. Não era uma percepção de fatos que moldaram minha vida. Era um relacionamento abusivo. Era real a prova da minha dependência emocional.

"Na minha angústia clamei ao Senhor, que me deu ampla liberdade" (Sl 118:5). E quando me vi viciada no jogo, me levantei e decidi que a partida estava encerrada aos 35 anos de sua duração. Olhei para mim;

era tanta força e coragem que me orgulhei de mim mesma. Senti tanta paz, que nem entendia, como em Filipenses 4:7. Não temi, porque cria que Jesus estaria comigo (Mt 28:20).

Da decisão pela autocura emocional

Decidi por mim; entretanto, precisava aprender a nutrir o amor-próprio, do qual depende o amor ao próximo (Mt 22:39). Tinha que olhar para a minha história. Iria doer encarar as vulnerabilidades da minha família e as minhas. Todavia, não fazia sentido deixar os pensamentos e as emoções tirarem a minha paz. Investi em novo processo terapêutico, pois precisava ir à raiz de tudo, conhecer a verdade para ser liberta (Jo 8:32).

Do acolhimento da minha história à autocura emocional

O processo terapêutico me trouxe muitas clarezas. A minha mãe não recebeu o amor necessário, foi abandonada pelo pai. **Ela me deu o amor que poderia me dar!**

Meu nascimento foi traumático; afinal, como se sentiria uma adolescente ao dar à luz, sem o mínimo de cuidado humanizado? Como não lembrar daquela dor todos os anos? **Mamãe foi violentada no seu momento sublime! A culpa não era minha!**

As surras que eu levava podem ter sido uma expressão da minha mãe por se sentir tão sofrida, e eu estava ali, gerando algum gatilho; fora ferida também. **Contudo, eu não merecia apanhar!**

A sensação de ausência paterna provocou-me pavor que meu pai morresse, ou seja, que me abandonasse para sempre. Ele me deu a atenção que poderia ter dado, e se dividiu para dar atenção a todos os filhos, porque sequer conheceu o seu pai. **Ele se dedicava para me dar o melhor, era sua forma de me amar!**

Na exposição do meu sofrimento, meus pais não tiveram recursos emocionais para apoiar a filha separada, com duas crianças. Tinham crenças: "em briga de marido e mulher, não se mete a colher" e "ruim com ele, pior sem ele". **Também acreditei nisso!**

No relacionamento abusivo, eu não tinha conhecimentos sobre o que ocorria de fato; tampouco recursos emocionais para sair do jogo. Eu não conhecia a mim, nem a minha história; não me amava, não via saída. **Tinha a consciência restrita.**

As emoções que alimentavam as feridas emocionais modeladas na infância foram liberadas em terapia. Ressignifiquei as experiências traumáticas enraizadas com a minha mãe e com o meu pai; e as que vivi com o ex-marido, por consequência da minha dependência emocional. Acolhi a mim e a minha história. Perdoei cada um deles, perdoei a mim mesma. Segue comigo tudo de bom que cada um me ensinou, me deu e me fez sentir.

Por fim, "[...] uma coisa faço: esquecendo-me das coisas que ficaram para trás e avançando para as que estão adiante [...]" (Fp 3:13).

Do propósito

O ladrão tentou me roubar, matar e destruir, mas Jesus me deu vida em abundância (Jo 10:10). Isso não seria possível se eu não tomasse três decisões: olhar para Deus, para mim e para a minha história. Assim, pude dar o novo sentido ao que passei; amar a mim e honrar os meus pais.

Com a consciência ampliada por autoconhecimento, autoestima e identidade em Deus, assumi quem sou: mulher livre, forte e corajosa, firme nas promessas do Senhor, disposta a cumprir o propósito para o qual fui chamada.

Passei anos sem atender ao chamado, já que eu não tinha um testemunho de cura e transformação para inspirar mulheres a serem livres, libertas e curadas.

Sentindo-me curada, busquei em Deus como eu poderia ajudar mulheres emocionalmente feridas, e, quando me dei conta, o Projeto Riso de Eva foi ativado no meu coração.

Além do estudo da Palavra de Deus e do estudo sobre conflitos pessoais e em relacionamentos, me especializei como terapeuta integrativa de mulheres. Com o Riso de Eva, inspiro mulheres a ressignificarem dores emocionais, a transformarem rios de lágrimas em **riso** de alegria, por meio de processos terapêuticos e de desenvolvimento humano, e a experimentarem uma vida abundante (EVA) a partir das boas-novas.

BIBLIOGRAFIA

BÍBLIA SAGRADA. Bíblia Vida Nova. Almeida Revista e Atualizada (ARA). Brasília: Sociedade Bíblica do Brasil, 1995.

"Orgulho-me de
mim pela coragem
de conhecer e
tratar minhas
vulnerabilidades para,
enfim, ter liberdade
e paz."

Fátima Serra

Flávia Babora Mazari

Sou Flávia Alcântara Fogaça Babora Mazari, natural de Londrina/PR, casada com André Mazari há oito anos. Atuo como pastora auxiliar na Comunidade da Graça em Rolândia/PR, lidero o ministério de jovens "Marcando a Geração" (MAG) em minha igreja local, bem como em todas as igrejas da nossa denominação, tanto no Brasil quanto no exterior. Temos dedicado as nossas vidas para cuidar e formar adolescentes, jovens e líderes dentro da visão bíblica e ministerial.

Sou advogada, atuo na área do Direito Civil e Direito Empresarial, me especializei pela Universidade Estadual de Londrina, Escola da Magistratura do Paraná e pelo Curso Luiz Flávio Gomes. Fui coautora das obras *Implicações jurídicas da covid-19* e *Diálogos sobre tecnologia e Direito*, além de artigos publicados.

flaviababora._

flavia.babora@gmail.com

flaviababora

MULHERES COM UM CHAMADO

VOLUME 3

UM CHAMADO QUE VAI ALÉM DA PRÓPRIA EXISTÊNCIA

8

Flávia Babora Mazari

Mulher, o Pai celestial colocou em seu coração o anseio pela eternidade e, neste exato momento, a convoca ao grande desafio de iluminar e influenciar a sua geração. Não foi você quem escolheu Cristo, mas Ele quem a escolheu e designou para dar frutos que permaneçam para sempre (Jo 15:16).

Se fossemos listar os desafios e adversidades enfrentados durante a vida, tenho certeza de que seriam inúmeros. Inclusive, as circunstâncias do meu nascimento e dos meus primeiros anos de vida, cercados de muita enfermidade, estão descritas no livro *Mulheres como luzeiros no mundo — volume 1: uma jornada de liderança com Deus*, na página 120, relatadas pela minha mãe, Pra. Kathreen Lorena Babora, coautora da obra publicada pela Editora Chave Mestra. Entretanto, desejo despertar em você uma narrativa de superação e de propósito que Deus traçou para ser contada através da sua existência.

Cresci em um lar cristão, sob os ensinamentos bíblicos de que assim como os céus são mais altos do que a terra, os caminhos de Deus são mais altos do que os nossos caminhos, e os Seus pensamentos, mais altos do que os nossos pensamentos (Is 55:9). Com base nessa verdade, os meus pais me ensinaram a estar disposta a dizer "sim" para Deus, em todas as esferas da vida.

Foi com essa visão que, ainda na pré-escola, assumi responsabilidades além da minha capacidade momentânea. Fui oradora da minha turma na formatura e atuei em peças teatrais na igreja antes mesmo de saber ler e escrever. Nessas ocasiões, minha mãe me ajudava a decorar os textos, garantindo que eu estivesse preparada para cada apresentação. Na semana em que aprendi a ler, ganhei dos meus pais uma Bíblia e desde então adquiri o hábito de lê-la constantemente.

Sempre tivemos grupos de célula da nossa igreja em minha casa, portanto, durante a pré-adolescência, eu realizava uma célula com as crianças, paralelamente aos adultos.

Aos 11 anos, meus pais foram transferidos para pastorear uma igreja de nossa denominação na cidade de Rolândia, localizada na região metropolitana de Londrina, onde residíamos. Mudamos em definitivo quando eu tinha 12 anos. Com base no firme princípio de ter um coração disponível para Deus, recebi, ao longo da minha adolescência e juventude, convites para integrar o ministério infantil, o ministério de louvor, o ministério de dança, o ministério de adolescentes, além de assumir a liderança de grupos de células na igreja. Sucessivamente, aceitei cada convite, atravessei as portas do Reino que se abriram diante de mim e vivi cada experiência que Deus me proporcionou.

Pela pouca idade, tinha muito o que aprender ainda, mas em meu coração sabia que a igreja contava com o meu serviço e que eu poderia cuidar daqueles que eram mais novos na fé. A disponibilidade permite que o Pai nos conduza segundo os seus caminhos. Com 22 anos, iniciei meu relacionamento com André. Durante o namoro, servimos ativamente no ministério de jovens da igreja, e quando nos casamos, recebemos o convite para assumirmos a liderança desse ministério. No mesmo período, meus pais voltaram a pastorear em Londrina.

Posteriormente, aos 32 anos, eu e meu marido fomos convidados para liderar o ministério de jovens e adolescentes de todas as igrejas da nossa denominação, Comunidade da Graça, tanto no Brasil quanto no exterior. Desde então, temos dedicado nossas vidas a cuidar, orientar e formar jovens e líderes dentro da visão bíblica e ministerial. Nesse mesmo período, fomos consagrados pastores, assumindo um compromisso ainda maior com nossa fé e missão.

Entretanto, existe um grande equívoco disseminado pelo inimigo da nossa alma, que nos leva a acreditar que se dissermos sim a Deus, não poderemos mais sonhar e evoluir pessoalmente, profissionalmente, nos relacionamentos e demais áreas da vida. Então, por falta de confiança em Deus, no seu poder e amor por nós, pensando que Ele jamais entenderia os sonhos do nosso coração; dizemos não a Ele, nos afastamos do nosso chamado, invertemos nossos amores, priorizamos as conquistas pessoais, levantamos cedo e dormimos tarde para dar conta das obrigações, comemos o pão de dores, quando a sua palavra afirma que Deus é quem dá sustento aos que Ele ama, mesmo quando estamos dormindo (Sl 127:2).

Mas quando entendemos que se buscarmos em primeiro lugar o Reino de Deus e a sua justiça, todas as demais coisas nos serão acrescentadas (Mt 6:33), saímos da posição de Marta, que era ansiosa e preocupada com muitas coisas, e nos tornamos como Maria, que escolheu a melhor parte, e isso nunca lhe foi tirado (Lc 10:42-43).

Digo isso, pois, assim como você, precisei cuidar das demais áreas da vida. Gosto de estudar e durante todo o meu período escolar, montei grupos de estudos com os meus amigos para as provas, ajudei os que tinham dificuldades com a matéria, a minha casa era sempre frequentada pelo pessoal da escola. Nesse mesmo período, fazia inglês e estudava teclado.

Ingressei na faculdade de Direito em Londrina, minha cidade natal. Durante a semana, residia na casa de meus avós, onde conciliava os estudos com um estágio em um escritório de advocacia em tempo integral. Aos finais de semana, retornava a Rolândia para estar com meus pais, Flávio e Lorena, e minhas irmãs, Fernanda e Gabriela, além de participar das atividades da igreja.

No último ano da faculdade, conciliei o estágio, a elaboração do Trabalho de Conclusão de Curso (TCC) e a intensa preparação para o exame da Ordem dos Advogados do Brasil (OAB). Nesse mesmo período, iniciei meu relacionamento com André. Foi um tempo desafiador, em que o descanso era escasso, mas, aos 23 anos, alcancei a aprovação na OAB, a nota máxima no TCC e o ingresso imediato na advocacia.

Minha trajetória profissional sempre esteve pautada pelo estudo e pelo aprimoramento no Direito. Após a formatura, investi em especializações de duração anual, estudei com magistrados na Escola da Magistratura, participei de cursos e congressos na Universidade de Coimbra, em Portugal, onde tive a honra de publicar um artigo e apresentar teses jurídicas em sustentação oral para professores e escritores. No Brasil, também publiquei artigos, fui coautora de obras jurídicas, lecionei em curso preparatório para a OAB e, atualmente, atuo como advogada na área de Direito Civil e Empresarial.

Ao lado de um grupo de advogados comprometidos, exercemos uma advocacia com propósito. Cremos que é possível viver a fé cristã no ambiente profissional, erguendo a voz em favor daqueles que não podem se defender; sendo amparo para os desprotegidos (Pv 31:8).

A Palavra nos ensina que cada um recebe de Deus dons distintos (1 Cor 7:7) e nos orienta a buscá-los com zelo, pois Cristo nos revelará um caminho ainda mais excelente (1 Cor 12:31).

Hoje, sou Flávia: esposa, líder, pastora e advogada. Filha de um Deus Santo, fui atraída por Ele com vínculos humanos e laços de amor, por Aquele que alivia nossas cargas e se inclina para nos alimentar (Os 11:4).

A Bíblia está repleta de exemplos de mulheres que aceitaram e caminharam no chamado de Deus. Débora foi juíza e profetisa em Israel, uma líder forte e corajosa (Jz 4:4-9). Ester arriscou sua vida para salvar seu povo, mostrando que Deus levanta mulheres para tempos específicos e missões únicas (Est 4:14). Maria, a mãe de Jesus, aceitou seu chamado com humildade, sabendo que foi escolhida para gerar o corpo do Cristo encarnado (Lc 1:38).

Essas mulheres, e todas as outras apresentadas pela Bíblia, não eram perfeitas, mas estavam dispostas a dizer "sim" a Deus. Estavam preparadas para o momento em que seriam usadas e disponíveis em seu coração. Cada uma delas enfrentou desafios, mas sua confiança no Senhor as capacitou a cumprir o papel que lhes fora destinado no plano divino.

Cristo nos chama, especialmente, para conhecê-lo em sua plenitude e para testemunharmos acerca de quem Ele é aos que estão ao nosso redor, seja pela fala, pelo posicionamento ou por atitudes e ações. Dependendo da forma como o apresentamos, Ele será visto como uma pessoa irresistível.

Se nos omitirmos e nos deixarmos levar por distrações, complexos, mágoas, medos e comodismo, permitiremos que o inimigo de nossa alma nos afaste do propósito de Cristo. Como consequência, nossa geração se distanciará de Deus, e a próxima sequer O conhecerá. Quais frutos colheremos? O que nossos olhos testemunharão? Em que tipo de sociedade crescerão as futuras gerações, caso nos acostumemos com um mundo sem Deus?

O propósito de uma mulher de Deus vai além de sua própria existência. Inspiradas pelo exemplo de Ester, ao nos posicionarmos com jejum, oração e ação, somos capacitadas a transformar realidades, mudar destinos e salvar gerações da morte física e espiritual.

Ester se preparou com excelência, alcançou a posição de rainha e utilizou sua influência para interceder pelo povo judeu diante do rei. Ela poderia ter permanecido em segurança no palácio, pois defender seu povo representava risco iminente à vida. No entanto, movida pela fé e pelo senso de propósito, ela escolheu agir, tornando-se a resposta de Deus para sua geração. Sua coragem manifestou-se em uma decisão firme e sacrificial. Ao assumir seu chamado, ela abriu caminho para o cumprimento do propósito divino, permitindo que a misericórdia e o livramento fluíssem das mãos de Deus.

Assim como Ester foi advertida por seu tio Mordecai, devemos lembrar que, se nos calarmos agora, Deus levantará socorro e livramento de outra parte, mas isso será cobrado de nós e de nossas famílias. Quem sabe não foi para um momento como esse que chegamos à posição em que estamos? (Est 4:14).

Seu chamado transcende sua existência. Dê passos de fé e o caminho se firmará sob seus pés. Assim, você percorrerá uma jornada extraordinária e eterna, conforme anseia o seu coração, vivendo as mais belas histórias escritas pelo Pai a seu respeito.

BIBLIOGRAFIA

BÍBLIA SAGRADA. Almeida Revista e Atualizada (ARA). Barueri: Sociedade Bíblica do Brasil, 2021.

BÍBLIA SAGRADA. Nova Versão Internacional (NVI). Rio de Janeiro: Thomas Nelson Brasil, 2021.

"Seu chamado transcende sua existência. Dê passos de fé, e o caminho se firmará sob seus pés."

Flávia Babora Mazari

Gabriella Fernandes

Eu sou Gabriella Pires Ribeiro Fernandes, nascida em Americana/SP, filha de Alexandre Ribeiro e Fabia Ribeiro. Sou casada há seis anos com Maxsuel Fernandes, com o qual constituí uma família e me tornei mãe do Davi Miguel.

Profissionalmente, atuo como analista financeira nas empresas da família. Sou filha, imagem e semelhança de Deus, e o sirvo na Congregação Cristã no Brasil. Compartilhar minha história e poder contribuir com outras mulheres faz parte do meu chamado e do meu propósito: levar a mensagem Deus por onde quer que eu passe.

gabriellafernandes03

A RENÚNCIA NA VIDA DO CRISTÃO

9

Gabriella Fernandes

A minha vida, para quem olha de fora, pode parecer comum e sem muita história para contar; eu mesma já pensei assim. Foi quando comecei a adentrar pela minha mente e subconsciente que descobri muitas coisas a respeito de mim mesma que nem sabia que estavam lá.

Quando criança, eu era aquela que nunca falava "não", mesmo que fosse contra a minha vontade; temia magoar alguém, então sempre renunciava o que eu realmente queria, ou até mesmo guardava a minha opinião para que a do outro se sobressaísse. Guardava meus sentimentos a sete chaves e quando ouvia um "não", também não conseguia contestar, talvez por medo do que poderia ouvir a seguir, então apenas aceitava. Na minha cabeça, eu pensava: "Não tem o que fazer mesmo, aceita que dói menos", mas foi aí que me enganei, porque doeu, e doeu muito.

Na correria do nosso dia a dia, geralmente não damos a atenção necessária a essas dores emocionais, apenas tentamos esquecê-las ou mascará-las, mas é aí que está o grande erro, pois ficam cada vez mais intensas e incontroláveis, e se tornam como areia movediça: quanto mais você tenta sair, mais você afunda, e a cada tentativa de se libertar, mais ela puxa para o fundo. Foi então que procurei ajuda e minha vida começou a se transformar.

Tudo o que senti quando criança refletiu na minha vida adulta. Hoje, com 24 anos, acontecem situações simples que racionalmente, pensando como uma mulher, não faz sentido eu me sentir daquela forma, mas quem está sentindo por mim naquele momento é aquela garotinha, com sentimentos frágeis e ressentidos, querendo se libertar de tudo isso. A raiva, o medo, a frustração e a tristeza vêm à tona, e parecem ser impossíveis de controlar, e ao mesmo tempo chega o sentimento de culpa por estar me sentindo assim.

Em certa situação que me senti dessa maneira, eu precisei renunciar um momento significativo para mim. E eu chorei, deixei me levar pela emoção do momento, sentindo cada amargura que aquela menininha queria liberar para fora e não conseguia. E então, naquele momento, eu senti a presença de Deus sobre mim, e Ele me mostrou uma palavra: **renúncia**.

Naquele momento eu fiquei paralisada, refletindo e buscando entender o que Ele queria falar comigo, o que Ele queria que eu entendesse. Ao longo dos dias, não conseguia parar de pensar no que tinha acontecido e comecei a meditar nas histórias bíblicas, buscando o que essa palavra teria de tão especial.

Foi então que me veio à memória um grande exemplo de renúncia. Abraão, um homem temente a Deus, estava a caminho de entregar seu único filho Isaque em holocausto, por amor e obediência a Deus, e vendo Deus a sinceridade de seu coração, poupou a vida de Isaque e abençoou grandemente Abraão.

Essa história mexeu muito comigo, ainda mais sendo mãe; coloquei-me no lugar dele e imaginei o que deveria estar passando pela sua cabeça naquele momento: medo, tristeza, talvez até vontade de voltar atrás, mas ele precisou renunciar tudo para fazer a vontade de Deus, e a palavra dEle se cumprir em sua vida.

A maternidade foi um grande exemplo de renúncia na minha vida, e acredito que a maioria das mulheres se identificam com isso também. Da noite para o dia, tinha um serzinho em meus braços determinando totalmente o rumo dos meus próximos passos. Eu não dormia mais quando queria, a casa era segundo plano, o importante era o bem-estar do meu bem mais precioso.

A nossa vida é assim, nos doamos uns aos outros, assim como Jesus fez por nós. Ele é o maior e melhor exemplo que temos. Sua vida toda foi a serviço do povo e seguindo somente a vontade do Pai, se entregando mesmo sem culpa alguma ao madeiro da cruz, por amor à nossa alma.

Depois de toda essa reflexão, tão profunda e intensa, tudo fez sentido para mim, e descobri o real significado dessa palavra. Renúncia é se abster de sua própria vontade em prol de algo maior, de um propósito.

"Se alguém quiser ser meu seguidor, negue a si mesmo, tome diariamente sua cruz e siga-me. Se tentar se apegar a sua vida, a perderá. Mas, se abrir mão de sua vida por minha causa, a salvará" (Lc 9:23-24).

Esses versículos são o resumo de como deve ser a vida de um cristão. Devemos estar em constante renúncia, nos abstermos do pecado, dos maus hábitos, atitudes e comportamentos, até mesmo pensamentos que possam ser abomináveis aos olhos de Deus.

No dia em que Deus me chamou nas águas do santo batismo, foi o marco que, a partir dali, eu entregaria a minha vida por Ele. Mas não foi fácil. Assim que saí daquele tanque, uma voz dizia que eu não era escolhida, que não foi Deus quem me chamou, que eu não iria permanecer na Graça. E a angústia tomou conta do meu coração. Eu não consegui dormir naquela noite, mas Deus usou uma amiga como um anjo na terra para me aconselhar e conversamos bastante pela madrugada; até às 3 horas da manhã, eu orei e pedi misericórdia a Ele e foi então que consegui dormir.

No outro dia, a mesma angústia me consumia, mas mesmo assim me levantei, orei e fui para o culto na manhã do domingo, conversando o tempo todo com Deus, pedindo para que ele falasse comigo e me desse uma resposta. Foi então que, na exortação da Palavra, Deus falou comigo através do seu servo que estava no púlpito: "Entrou uma rosa aqui hoje, que o inimigo não para de falar na sua orelha, que não fui Eu que lhe chamei e que você não vai permanecer. Mas fui eu que lhe chamei, sim, e a partir de hoje eu coloco em volta de você uma redoma e eu vou lhe proteger". Naquele momento, o meu coração se jubilou de alegria que não cabia mais dentro do meu peito, e senti uma paz tão grande e uma certeza de que Deus estava comigo e que tinha planos na minha vida.

A renúncia é um ato de amor, temor e obediência a Deus, e quando a fazemos com um sincero coração, ela nos leva a níveis maiores de maturidade e intimidade com Ele. A nossa vida se torna mais leve, pois o fardo dele é leve e seu julgo é suave. Quando entendemos isso, tudo se torna mais fácil e natural. A nossa oração se torna uma conversa gostosa, aquela que poderia durar horas e horas sem interrupção, e sentimos falta quando não a fazemos. Já teve vezes em que, na correria, eu saí para trabalhar sem orar e o meu dia foi simplesmente um desastre, parecia que tudo dava errado, e a minha cabeça ficava com um turbilhão de pensamentos, não conseguia pensar e me concentrar, e no mesmo instante eu já sabia o motivo: naquele dia não havia rogado pela proteção, pela paz, pela sabedoria do Alto.

Descobri que esse é meu chamado. A entrega, a renúncia, me doar por inteira a Deus, buscar, louvar; é isso que ele requer de mim mais do que qualquer coisa, e peço perdão todos os dias a Ele por errar tanto diante da sua presença.

Esse é mais um ato de renúncia que fazemos por Deus. Somos humanos, falhos, errantes, mas quando nos prostramos diante dEle e nos humilhamos, deixando de lado o nosso ego e rogando com sinceridade e humildade, Deus sempre estará disposto a nos perdoar, pois o amor dEle é incondicional. A importância de confessarmos nossos pecados diante de Deus, por pior que eles sejam, mostra a confiança que temos por Ele.

Uma fala de uma pastora me chamou muito a atenção, ela dizia: "Sua capacidade de confessar verdades, por pior que elas sejam, sobre você mesmo vai determinar qual é a sua capacidade de suportar a grandeza do que Deus quer lhe entregar! O que Deus quer lhe entregar não tem a ver com o quanto você aguenta segurar, tem a ver com o quanto você aguenta renunciar". Quanto mais nos entregarmos a Deus, mais Ele vem ao nosso encontro.

Tem uma canção que retrata muito bem como deve ser o amor do cristão para com Deus; se chama A renúncia, de Allan e Alex:

Eu abro mão de tudo, Deus pra te servir
Eu renuncio o mundo, por amor a ti
Eu não quero ficar, vivendo de aparências
Eu quero ser usado, fazer a diferença

Não quero só status, glamour e posição
Pra que ganhar o mundo, e não ter salvação
Eu quero muito mais, que fama e posição
Eu quero ser um vaso, usado em tuas mãos

Eu renuncio meu orgulho, abro mão de tudo
Mas quero ser fiel Me dá forças Deus pra prosseguir

Vou dar o melhor de mim
Quero chegar no céu

Nesse mundo tudo é passageiro
Mas do céu eu sei que sou herdeiro
Em breve eu vou subir

Eu sei que Deus tem o melhor pra mim
Eu sei que Deus tem o melhor pra mim
Os prazeres que o mundo oferece
Eu sei são passageiros
Eu abro mão de tudo Do céu eu sou herdeiro

E assim somos nós, a cada dia renunciando nossas vontades e desejos, renunciando o mundo para viver naquele que deu sua vida para salvar nossa alma, para um dia podermos ver sua face como ela é.

A vida do cristão não é fácil; muito pelo contrário, a todo momento passamos por desafios e obstáculos, e o segredo é como passamos por eles. Não podemos desistir na primeira dificuldade ou na primeira pedra que aparecer no caminho, pois assim como Deus disse a Jacó, em Isaías 41:10: "Não tenha medo, pois estou com você; não desanime, pois sou o seu Deus. Eu o fortalecerei e o ajudarei; com minha vitoriosa mão direita o sustentarei". E assim como Jacó venceu sua guerra, nós também venceremos, pois Deus está conosco, nos guarda e nos prepara para a vitória.

Portanto, devemos ser corajosas, mulheres de Deus, e atender ao seu chamado, por mais desafiador que seja, pois temos a certeza de que o Rei dos reis está intercedendo ao nosso favor.

BIBLIOGRAFIA

BÍBLIA SAGRADA. Nova Versão Transformadora (NVT). São Paulo: Mundo Cristão, 2016.

REYS, A. A renúncia (ao vivo). Disponível em: https://music.youtube.com/watch?v=BeoRnC8YVUw. Acesso em: 28 mar. 2025.

"Renunciar sua vida
por amor a Deus é
o ato mais lindo que
você pode fazer
por Ele."

Gabriella Fernandes

Gardênia Palácio

Sou Gardênia Palácio, natural de São Luís/MA, fisioterapeuta, casada com Tadeu Palácio, mãe de Juliana e avó de dois lindos netos.

Sou líder do ministério de mulheres da Comunidade das Nações São Luís/MA e embaixadora do Projeto Isabel, no qual contribuo para a transformação de milhares de mulheres por meio da Palavra de Deus.

Tenho minha base de formação ministerial no Centro de Treinamento e Escola de Ministros Rhema Brasil e na Lifestyle Christianity University. Sou evangelista, mentora, idealizadora do ministério "Uma Palavra Para o Seu Coração" e ministra do Evangelho há dezesseis anos.

Minha missão é levantar e capacitar mulheres, guiando-as de volta à sua verdadeira identidade em Cristo, para que vivam uma transformação genuína e cumpram plenamente o seu propósito em Deus.

gardeniapalacio

+55 (98) 98112-3545

MULHERES COM UM CHAMADO

VOLUME 3

A JORNADA DE UMA SOBREVIVENTE IMPROVÁVEL

10

Gardênia Palácio

Existem momentos na vida que nos marcam para sempre, redefinem nossa trajetória e nos fazem enxergar a mão de Deus de uma maneira indescritível. O que vou compartilhar agora é um desses momentos. É a história da minha vida, de como voltei para Jesus depois de anos afastada de Sua presença e de como Ele me resgatou de uma forma que jamais imaginei. Mas, para que tudo faça sentido, preciso voltar um pouco no tempo e compartilhar sobre minhas raízes.

Nasci em um lar cristão, evangélico. Minha avó foi a primeira a me ensinar sobre fé, sempre me instruindo na Palavra de Deus, e transmitindo sua devoção por meio de orações e conselhos que refletiam sua profunda confiança no Senhor.

Minha mãe também era uma mulher de fé, mas muito reservada. Ela tinha dificuldade em abordar certos assuntos ou nos ensinar sobre questões da vida. Em nossa casa, temas como menstruação, amadurecimento e até mesmo questões emocionais não eram facilmente discutidos. Não era por falta de amor ou cuidado, mas parecia haver um bloqueio dentro dela que a impedia de falar abertamente sobre essas coisas. O silêncio deixava lacunas que precisavam ser preenchidas, e foi assim que busquei respostas em outras fontes. Assim, tudo o que aprendi sobre esses assuntos veio das minhas irmãs mais velhas e de conversas com amigas.

Apesar das dificuldades de comunicação em casa, o que minha mãe e minha avó me ensinaram sobre fé foi fundamental na minha caminhada. Aprendi que, mesmo diante das incertezas e das perguntas sem resposta, Deus sempre estaria presente.

Minha vida seguiu seu curso. Eu me casei cedo, engravidei jovem e tive uma filha maravilhosa. No entanto, o casamento não durou muito tempo. Após o divórcio, entrei em um relacionamento que durou dezessete anos. Foi então que comecei a me afastar dos caminhos do Senhor. Esse relacionamento me prendeu, me sufocou e se tornou um verdadeiro cativeiro emocional. Meus pais não apoiavam minha escolha, mas, teimosa, segui em frente. Eu ignorava o conselho de Provérbios 3:5-6: "Confie no Senhor de todo o seu coração e não se apoie em seu próprio entendimento; reconheça o Senhor em todos os seus caminhos, e ele endireitará as suas veredas". E vi que, quando desobedecemos a Deus e aos nossos pais, as consequências vêm.

Depois de tantos anos, tomei coragem e saí daquele relacionamento. Voltei para a casa dos meus pais com minha filha. Retomei os estudos, fiz uma nova faculdade, formei-me em fisioterapia e, ao mesmo tempo, comecei a trabalhar com política. Meu ex-marido havia sido político, e acabei aprendendo muito ao longo dos anos. Passei a atuar em projetos voltados para mulheres, algo que sempre amei fazer, e meu nome começou a ganhar força na região.

Com o tempo, surgiu a oportunidade de compor uma chapa como vice-prefeita de um município a 250 km de São Luís/MA. Aceitei o desafio, e fomos eleitos.

Aos olhos humanos, minha vida parecia estar no caminho certo. No entanto, naquele período, eu estava distante de Deus. Vivia um relacionamento que sabia que não era para mim, mas, sem forças para mudar, continuei. Até que um dia senti que não dava mais. Passei uma tarde inteira em oração, clamando ao Senhor que me refizesse, que me moldasse como o oleiro molda o barro. "Como o barro está nas mãos do oleiro, assim estão vocês nas minhas mãos" (Jr 18:6). Enquanto eu clamava, o Senhor me mostrou que eu precisava tomar uma decisão para que Ele pudesse agir.

Muitas vezes, pensamos que devemos esperar Deus agir, quando, na verdade, Ele está esperando que tomemos uma decisão para que Sua vontade se cumpra em nossas vidas.

Naquele momento, eu não fazia ideia de que aquela oração mudaria minha vida para sempre. Foi então que ouvi a voz do Senhor de forma audível pela primeira vez. Ouvi Deus dizer: "Eu não me responsabilizo por aquilo que eu não te dei". No dia seguinte, segui viagem para o interior. Minha filha e meu motorista estavam comigo. No meio do caminho, sofremos um acidente gravíssimo. O carro bateu de frente com outro veículo e caiu em uma ribanceira. Meu motorista não sobreviveu.

Quando retiraram minha filha dos destroços e a colocaram no asfalto, disseram que ela não havia sobrevivido. Minha mente se recusava a aceitar aquilo. Atordoada, sem compreender o que havia acontecido, agarrei-me à promessa do Senhor: "Invoca-me no dia da angústia; eu te livrarei, e tu me glorificarás" (Sl 50:15). Só percebi a gravidade da situação quando alguém me abraçou e disse: "Você sofreu um acidente, e a sua filha não sobreviveu. Seu motorista também não".

Meu coração se recusava a aceitar aquele veredito. Onde estava minha filha? Procurei desesperadamente até vê-la caída no asfalto. Ajoelhei-me ao seu lado e comecei a clamar: "Deus, me dá uma chance! Por favor, traz minha filha de volta!".

Fiquei ali, segurando minha filha, clamando sem parar. Perdi a noção do tempo. Não sei dizer se foram minutos ou horas, mas eu não conseguia parar de orar. A dor era insuportável, e o desespero tomava conta do meu coração. De repente, ouvi um som. No começo, parecia um gemido, mas era mais forte... um urro, um som que vinha do fundo da alma dela. Foi como se, naquele instante, a vida tivesse voltado para o seu corpo. Minha filha abriu os olhos e disse, com dificuldade:

"Mãe, eu não vou morrer".

Ela repetiu com mais firmeza:

"Mãe, eu não vou morrer. Tudo coopera para o bem daqueles que amam Deus".

Foi ali, naquele momento, que Deus me resgatou. Enquanto clamava por minha filha, comecei a rever minha vida diante dEle. Coloquei tudo diante do Senhor. Pedi perdão por todos os erros e anos perdidos, e rendi-me completamente. "Volte-se para o Senhor, e Ele terá misericórdia de você; volte-se para o nosso Deus, pois Ele perdoará completamente" (Is 55:7).

Foi naquele chão frio, naquele asfalto, com minha filha ressuscitada em meus braços, que minha vida foi transformada.

A partir dali, iniciou-se uma longa jornada de recuperação. Juliana passou um período sem poder se sentar. Depois, passou a utilizar uma cadeira de rodas. Os médicos disseram que ela jamais poderia ter filhos, pois havia quebrado o quadril, o cóccix e toda a região pélvica. Além disso, afirmaram que ela teria que conviver com as placas e parafusos no pé pelo resto da vida. Mas eu me mantive firme, pois Deus não faz nada incompleto. Um ano depois, voltamos ao ortopedista para uma avaliação. O médico olhou os exames e ficou surpreso. Virou-se para mim e disse:

"Eu preciso operar a Juliana urgentemente".

Meu coração gelou. Perguntei:

"O que aconteceu?".

Ele respirou fundo e respondeu:

"Eu preciso tirar as placas e os parafusos. Não sei o que aconteceu, mas os ossos dela voltaram ao normal. Estão completamente regenerados".

Hoje, guardamos essas placas e parafusos como um testemunho vivo do que Deus fez.

Daquele dia em diante, nossa vida mudou completamente. Eu e minha filha renascemos para Deus. Ele restaurou minha honra, e hoje sou casada com o amor da minha vida, com quem construí uma família.

Atualmente, lidero o ministério de mulheres na Comunidade das Nações, em São Luís/MA, e o Projeto Isabel, que tem transformado a vida de milhares de mulheres, conduzindo-as de volta ao cumprimento do seu propósito em Deus. Minha filha se casou, teve dois filhos lindos e hoje serve ao Senhor com toda a sua casa. Seu testemunho mostrou ao mundo que Deus tem a última palavra.

Olhando para trás, vejo a mão de Deus em cada detalhe. Ele nos resgatou, colocou-nos sobre a rocha e firmou nossos passos. E posso dizer com toda a certeza: Deus é fiel.

Hoje, carrego em meu testemunho as palavras de Salmos 40:1-3:

> Coloquei toda minha esperança no Senhor; Ele se inclinou para mim e ouviu o meu grito de socorro. Ele me tirou de um poço de destruição, de um atoleiro de lama; pôs os meus pés sobre uma rocha e firmou-me num local seguro. Pôs um novo cântico na minha boca, um hino de louvor ao nosso Deus.

Minha história é a prova viva de que Deus nunca nos abandona, mesmo quando nos afastamos dEle. Seu amor é paciente, e Sua misericórdia nos alcança nos momentos mais sombrios.

Aquele dia no asfalto não foi apenas um livramento físico, mas um renascimento espiritual. Deus me deu uma segunda chance, restaurou minha vida e reescreveu minha história com graça e propósito.

Hoje, ao olhar para tudo o que passei, vejo que cada lágrima, cada luta e cada perda foram usadas por Deus para me moldar e me trazer de volta ao centro da Sua vontade. Minha vida agora pertence completamente a Ele, e meu maior desejo é que este testemunho alcance corações e fortaleça a fé daqueles que precisam de um milagre.

Sei que muitas pessoas podem estar vivendo situações parecidas, sentindo-se presas em escolhas erradas, relacionamentos enganosos ou caminhos distantes do Senhor. Mas quero dizer a você: nunca é tarde para voltar. Deus está de braços abertos, pronto para transformar sua dor em testemunho, sua fraqueza em força e seu deserto em um novo começo. Apenas dê um passo em Sua direção. Decida, agora mesmo, entregar tudo em Suas mãos, e veja a Sua obra redentora em sua vida.

Não importa o quanto você tenha se afastado ou quantas vezes tenha caído, Deus está pronto para levantar você. Ele jamais desiste de nós!

Deus continua sendo Deus. Ele é fiel para cumprir Suas promessas. Se você clamar a Ele, assim como eu clamei, Ele ouvirá e responderá. “Porque sou eu que conheço os planos que tenho para vocês”, diz o Senhor, “planos de fazê-los prosperar e não de lhes causar dano, planos de dar a vocês esperança e um futuro” (Jr 29:11).

Que essa história seja um lembrete de que o amor de Deus nos alcança onde estivermos, levanta-nos e nos conduz ao destino que Ele já preparou para nós.

Que possamos confiar nEle de todo o coração, descansar em Sua fidelidade e viver completamente para a Sua glória. A jornada com Deus não é isenta de dificuldades, mas é preenchida com Sua presença, paz, provisão, e com a certeza de que Ele nunca nos deixará sozinhas.

BIBLIOGRAFIA

BÍBLIA SAGRADA. Almeida Revista e Corrigida (ARC). Barueri: Sociedade Bíblica do Brasil, 2018.

BÍBLIA SAGRADA. Nova Almeida Atualizada (NAA). Barueri: Sociedade Bíblica do Brasil, 2018.

BÍBLIA SAGRADA. Nova Bíblia Viva. São Paulo: Hagnos, 2021.

BÍBLIA SAGRADA. Nova Versão Internacional (NVI). Rio de Janeiro: Thomas Nelson Brasil, 2021.

"Ouvi Deus dizer:
'Eu não me
responsabilizo por
aquilo que eu não
lhe dei'."

Gardênia Palácio

Helenita Lina

Sou Helenita, esposa de Marco Antônio, mãe de Gabriel e João Guilherme. Formada em Ciências Contábeis com MBA em Gestão Estratégica do Agronegócio pela Fundação Getulio Vargas (FGV). Minha vida profissional foi exercida com equilíbrio, pois meu sucesso é o meu lar.

Cresci na certeza de que o Senhor Deus é nosso provedor. Meus pais não negavam favor; estavam sempre prontos para ajudar e nos incentivavam a fazer o mesmo, dizendo: "Lá na frente, você receberá o bem que fez, pois Deus prepara alguém para ajudá-la na sua dificuldade".

A evangelização sempre esteve em meu coração, e hoje está ainda mais aflorada ao olhar e ver que tudo que vivi já fazia parte do chamado.

linah.elenita

+55 (65) 99968-7273

helenita.lina@gmail.com

O OLHAR QUE VÊ O DIAMANTE EM MEIO ÀS PEDRAS

11

Helenita Lina

Sol, água, cascalho, peneira e um olhar atento de um garimpeiro que é capaz de ver em meios às pedras o diamante. Nesse ciclo, a vida continua na capital dos diamantes em Mato Grosso. Nasci.

Vamos retroceder um pouquinho e saber da minha história antes de mim. Meu avô paterno, Jovelino Leal, veio da Bahia ainda criança, desbravando a estrada com sua família. A parada final escolhida foi o estado de Mato Grosso, na região que mais tarde se tornaria a capital dos diamantes, e ali recomeçaram vendo um futuro melhor pela frente. Meu pai Manoel Leal é um dos mais novos de doze irmãos, e sua família vivia da agricultura familiar.

Meu avô materno, Antônio Otávio, saiu de São Paulo para Camapuã/MS, mas decidiu avançar um pouco mais adentro do Mato Grosso — que na época ainda era um único estado; não existia ainda o Mato Grosso do Sul — com suas duas filhas após minha avó Isabel Lina falecer; assim, chegaram na capital dos diamantes e ele recomeçou a vida abrindo um comércio de venda de materiais para construção. Meu avô se casou novamente, teve mais seis filhos, e a família cresceu.

Meu pai aprendeu sobre plantio, mas escolheu não ficar no raso da terra, mas ir ao mais profundo até encontrar os diamantes, e assim se tornou um garimpeiro. Decidido a formar uma família, se casou com Helena, que já no primeiro ano de casada interrompeu os estudos para cuidar de sua primeira filha, Helenita. Na época em que os garimpos não traziam nada além dos cascalhos, era a hora da mudança, e vivemos essas idas e vindas com meu pai em seu segundo ofício, o de sapateiro; enquanto isso, minha mãe começou a transformar linhas em colchas, forros de mesa e a ajudar no sustento de nosso lar.

Cresci nessa pequena cidade de garimpo, e, nas incertezas que o garimpo traz, meu pai nos dava a certeza de que nosso provedor era o Senhor Deus e nada nos faltaria. Minha mãe e minha tia Fátima eram muito unidas e estavam sempre juntas; uma se tornou guardiã da outra. E a vida dava sua continuidade no ventre de minha mãe, nascendo, assim, minha irmã Silvânia Lina. Tivemos uma infância caseira, criávamos nossas brincadeiras dentro de casa. Meu avô Jovelino, mais conhecido como "Seu Jove", levava para nós ovos e laranjas, pois era um hábito matinal de café da manhã.

Em uma dessas manhãs, como de costume, acordamos cedo, mas comecei o dia sem café da manhã, e finalizei em cima de uma maca para a retirada do apêndice por conta de apendicite em uma cirurgia que levou quase 4 horas, com minha mãe esperando firme acreditando que tudo ficaria bem — e ficou.

Mais uma viagem de retorno ao garimpo e nós fazendo da esperança de nosso pai a nossa própria; a esperança de que, dessa vez, os cascalhos brilhariam. E novamente a vida continuava no ventre de minha mãe, e nasceu nossa irmã caçula, Cátia Lina.

Tenho orgulho de ter crescido em uma casa sem espaço para reclamação e pessimismo, mas dia após dia presenciava a tranquilidade e a determinação de minha mãe, que com sua veia comercial produzia bolos e salgados para aniversários e cantinas de escolas, e também fazia crochê. Com esse apoio, meu pai continuava a garimpar.

Passávamos a semana, por vezes quinze dias ou mais, aguardando a notícia de que dessa vez o diamante apareceria em meio ao cascalho. E quando isso acontecia, o meu pai fazia questão de reunir a família e mostrar a conquista que era de todos. Vendo e vivendo na sabedoria dos nossos pais em administrar os recursos que a terra nos entregava, eles construíram um sobrado com ponto comercial para garantir que pudéssemos morar e ter renda para estudar.

A infância seguiu seu curso, e como era bom ir a pé à casa dos avós, tias, amigos! Em uma dessas andanças, cheguei à casa de meu avô Jove e, quando não o encontrei na sala, fui à sua procura como quem faz um *tour*, até chegar ao quintal. E foi nesse lugar tão cheio de afeto que descobri com uma visitante algo que silenciou meu retorno para casa. Ela disse: "Nossa, vendo você agora me lembro quando nasceu, o tempo realmente passa depressa. Foi um susto bem grande para seus pais".

Incentivei-a a continuar, como se soubesse o que provocou o susto neles, e ela continuou: "Quando você foi trocada no hospital, seu pai ficou desesperado para achar a mulher e desfazer a troca".

Essa voz permaneceu ecoando e provocando um congelamento interior e um silêncio exterior; quando dei por mim, já estava frente a frente com meus pais fazendo um interrogatório, pois já haviam percebido espinhos junto às sementes plantadas na terra do meu coração. Trouxeram a verdade que até então eu desconhecia, mas o fato é que nasceram duas meninas e houve a troca das roupas dos bebês e as mães não perceberam. Após a alta, minha avó decidiu dar um banho em casa e percebeu que o nome que estava na pulseirinha não era o da minha mãe, e imediatamente começou a corrida para desfazer o erro.

Levou bastante tempo para minha mente parar de voltar a esse dia da troca; era um desejo de cancelar esse momento, mas não era possível, e eu precisava recomeçar.

A missão salesiana exercia um papel importante na cidade, e tínhamos um lugar para passar um tempo de qualidade no Centro Juvenil, mas mesmo participando dos encontros de jovens indo à missa, eu sentia a necessidade de uma comunhão maior com Deus e não sabia como alcançá-la. Comprei uma Bíblia, mas não tínhamos hábito de sua leitura diária — ela acontecia somente na igreja.

Como irmã mais velha, ajudava meus pais cuidando da lanchonete e também na distribuição dos salgados. A vida foi fluindo com estudo, trabalho e namoro, e num piscar de olhos acabei trancando a faculdade e viajando para um novo tempo, o de estabelecer minha família.

Casei-me com Marco Antônio, namorado da adolescência. Então, com o amor que sentia, não tive nenhum receio de recomeçar, agora em São Paulo. Um novo tempo, um novo lar e a espera de meu primeiro filho. Já passadas 33 semanas de gestação, peguei a liberação médica e vim para o Mato Grosso para ficar mais segura, porque a profissão de aviador do meu marido não me garantia que ele estivesse comigo em qualquer intercorrência. Fiz minha mãe prometer que ficaria na porta do centro cirúrgico e não deixaria passar nenhum bebê sem ir atrás e ver o que estava acontecendo, porque eu temia que pudesse acontecer uma troca de bebês.

Em um sábado no final de junho, Gabriel nasceu prematuro de 34 semanas e cinco dias, sem uma causa específica. Minha mãe cumpriu o que prometera e virou a sombra do médico, que disse que meu bebê precisava de uma UTI neonatal; não havia uma em Rondonópolis, e infelizmente ele não estava encontrando vaga em Cuiabá. Ela insistiu para o médico não desistir; enquanto isso, falava com seu vizinho, Cristiano, que fez o papel de ambulância e saiu à procura de uma enfermeira para o acompanhar na viagem, e me avisou no centro cirúrgico tudo que estava acontecendo. Mantive a calma, com um só pensamento: "Deus, só o Senhor pode levar o Gabriel e garantir que ele tenha vida. Por favor, Senhor, cuide dele, mande o anjo Gabriel guardá-lo nesse caminho".

Partiram rumo a Cuiabá, mas, ao chegar em Jaciara, veio a surpresa de que não havia mais oxigênio, o cilindro estava vazio. A corrida contra o tempo aumentou.

Finalmente chegaram a Cuiabá. Gabriel com muito esforço respiratório, não poderiam perder nem um minuto. Nesse momento, vivemos na prática o ensinamento de meus pais: atos de bondade geram atos de bondade. E foi isso que recebemos ao encontrar no caminho pessoas que prontamente nos conduziram a chegar mais rápido ao hospital Jardim Cuiabá.

Fui para Cuiabá e recebi o apoio de meu sogro Ademar e minha sogra Maria, com os amigos de longa data que tinha aqui na cidade, em especial Devanilce.

Nessa hora de provação, veio-me a dúvida se tinha fé suficiente para alcançar o Céu. Os boletins médicos eram diários e com notícias muito pessimistas. Até que resolveram sentar comigo e esclarecer o quadro em que meu filho se encontrava: com pneumonia, ictérico, respirando com a ajuda de aparelhos, e nenhum antibiótico fazia efeito. "Pode trazer o leite que vamos incluir na dieta. Entendido?!" Sacudi a cabeça com um sim e saí.

À noite ocorreu uma morte na UTI neonatal e foi desesperador por não sabermos qual era o bebê. Vivemos um momento de dor unidos. Voltei para casa, entrei no quarto e coloquei tudo diante do Senhor, dizendo: "Deus, estão me preparando para um dia fúnebre. Senhor, sabe que ele não tem força para respirar, disseram-me que a força dele é somente dez por cento. Não encontro fé, sinto-me igual a Tomé, precisando de um sinal. Deus, se o Senhor me ouve e me vê, dê-me um sinal de que voltarei naquele hospital sem me importar com os diagnósticos. Socorre-me, Deus!". Em meio às lágrimas, consegui tirar um pouquinho de leite.

No dia seguinte, fui pegar o leite para guardá-lo no isopor e percebi que ele estava na temperatura ambiente, como se eu tivesse acabado de tirar. Fiquei por uns segundos parada olhando e exclamei: "Deus, o Senhor me deu o remédio do Céu!". Corri para o hospital, pois sabia que Deus estava operando por meio de uma oração e um coração sincero que recebeu a misericórdia e a fé e alcançou o milagre. Gabriel saiu de alto risco para médio risco e para o quarto em 24 horas. Voltei para São Paulo com meu filho; o milagre, que sempre é lembrado, fez com que o processo de conversão verdadeira começasse comigo e atingisse toda a família.

Em meio a aflições, desilusões, decepções, solidão, medo, que se tornam os cascalhos da vida, encontramos a pedra fundamental, o próprio Jesus Cristo (Ef 2:20-22), e com Ele sobressaímos em meio aos cascalhos como um diamante para vivermos uma vida de valor. Nossa história continua, e saiba que nas mãos de Deus está o poder para exaltar e a todos dar força (1 Cor 29:12). Confie nas reviravoltas que Deus pode executar (Sl 57:2) e viva para brilhar.

BIBLIOGRAFIA

BÍBLIA SAGRADA. Nova Versão Internacional (NVI). Disponível em: https://www.bibliaonline.com.br/NVI. Acesso em: 19 mar. 2025.

BÍBLIA SAGRADA. Nova Tradução na Linguagem de Hoje (NTLH). Disponível em: https://www.bibliaonline.com.br/ntlh. Acesso em: 19 mar. 2025.

"Confie nas reviravoltas que Deus pode executar e viva para brilhar."

Helenita Lina

Isoneide Nunes

Sou Isoneide Nunes da Silva Pereira, filha do Deus altíssimo; nasci em 1º de março de 1973, a quarta filha do casal Pedro Monteiro da Silva e Maria de Lourdes Nunes da Silva (*in memoriam*). Natural de São Luís do Maranhão, casada há dezenove anos com Marcelo Costa Pereira, mãe e avó de lindos netos.

Advogada, pós-graduada em Direito do Consumidor, conciliadora do Poder Judiciário Estadual, *coach* especialista em Perfil Comportamental, terapeuta integrativa especialista no universo feminino (em formação), e agora escritora.

A minha jornada até aqui forjou a mulher forte e determinada que sou. Foi uma construção com muitas experiências que estarei compartilhando com você, mulher.

isoneideterapeutaintegrativa

+55 (98) 97020-9779

isoneideterapeutaintegrativa@gmail.com

isoneideterapeutaintegrativa

MULHERES COM UM CHAMADO

VOLUME 3

EU SOU UM MILAGRE

12

Isoneide Nunes

Antes que eu nascesse, o Senhor, na eternidade, havia sonhado comigo, como está escrito em Jeremias 1:5: "Antes que eu te formasse no ventre te conheci, e antes que saísses da madre te santifiquei".

Por meio do matrimônio de meus pais integrei a família de cinco filhos. Os meus pais eram bem jovens e muito trabalhadores, e sempre se dedicaram a prover o sustento em nossas vidas. Foram abençoados e prosperaram muito.

Apesar de todo esforço de meus pais, em suprir as nossas necessidades materiais, em mim ficou uma lacuna emocional. Quando criança eu era tímida, de poucas amizades. Era uma criança que carregava traumas de infância em virtude da ausência dos meus pais, que trabalhavam muito; portanto, eu sofria pela falta de acolhimento, atenção e afeto. Aos 5 anos, meus pais me matricularam em uma escola cristã. Foi quando eu tive contato pela primeira vez com o Evangelho, no Colégio Batista Daniel de la Touche.

Desde cedo descobri que, como forma de sobrevivência, era preciso fazer algo para ser notada, e creio que assim foi despertado o meu lado executor. Lembro-me que na escola estava sempre pronta para ajudar os professores e os colegas, e me dedicava para ter boas notas. Já em casa eu procurava uma forma de estar com o meu pai, em seus negócios e nas construções que ele fazia, para eu ter suprida a sua atenção.

Hoje sei que tenho uma identidade imutável, em Cristo Jesus. Não preciso me perder em tarefas para não sentir solidão, medo ou a dor do abandono e da rejeição, por não ser reconhecida, afirmada ou valorizada, porque sei que sou filha amada do Senhor e estou conectada à minha verdadeira essência.

A minha percepção de vida ficou ofuscada por muito tempo, não permitiu que eu enxergasse o mundo como era, e fez com que eu tomasse uma série de decisões equivocadas que mudaram a minha trajetória desde a adolescência.

Infelizmente, meu caminho não foi fácil. Ao longo da adolescência, tomei decisões que mudaram minha trajetória. Aos 16 anos estava casada e com um bebê nos braços para cuidar, a minha primogênita Thayane, hoje com 35 anos. Imagine o desafio de proporcionar a uma criança o suporte emocional de que eu mesma necessitava. Foi uma grande renúncia para me entregar à maternidade! E, um ano depois, nascia a minha segunda filha, Thamara, hoje com 34 anos.

Após quatro anos de casamento, me divorciei, e em 1993 retornei para a casa de meus pais com as minhas filhas. Em 1998, tomei a mais importante decisão da minha vida ao entregar-me a Cristo e ter sido selada com o selo da promessa. Um novo tempo, oportunidade para um recomeço, mas, sem discernimento, iniciei um outro relacionamento, que chegou ao fim e culminou com uma depressão que me fez quase sucumbir. Não foi só pelo fim do relacionamento, mas entendo que esse foi o limite do meu emocional com toda a carga de dor que pude suportar até ali.

Acredito que os muitos desafios da vida, a morte prematura do meu irmão Higino em 1997, o fechamento da empresa dos meus pais, em 1998, e o falecimento do meu pai em 1999, somaram-se às dores que silenciei e as quais eu precisava curar.

Querida, meu desejo é que você se sinta edificada com este testemunho. Se surgirem momentos na sua vida em que você se sentir sobrecarregada, lembre-se: há saída, e você não está só. Peça ajuda, em especial para nosso *Abba* Pai. Lembre-se das promessas de Deus; Ele não nos abandona, nEle podemos todas as coisas e somos mais que vencedores em Cristo Jesus.

Quero lembrar você de que o cativeiro não é nosso lugar e encorajá-la a acreditar que, independentemente da situação, sua dor não é em vão — é para torná-la mais forte e pavimentar uma história de superação, assim como foi para mim.

Houve um tempo em que me senti perdida e muito fragilizada, experimentando densas emoções: ruptura do relacionamento, fechei a empresa, parecia um abismo sem fim. Desanimada, triste, não tinha mais sonhos, não sabia qual era o meu propósito, perdi a "visão" e estava sem motivos para continuar. Foi quando percebi que já estava imersa em uma profunda depressão, até que Deus lembrou-me da minha identidade e do meu propósito. É, Deus estava cuidando de mim. Lembra quando eu disse que entregar-me a Cristo foi a melhor escolha que fiz lá em 1998? Pois é, como está escrito: "O guarda de Israel não dorme" (Sl 121:4).

Então chegamos ao ano de 2004, quando a minha primogênita, Thayane, completaria 15 anos. Com o apoio dos irmãos da Igreja Batista de Monte Castelo e da minha família, celebramos seu aniversário ao mesmo tempo em que eu vencia a depressão.

Muitas foram as noites em claro que passei, e o Senhor falava ao meu coração: "Aquietai e sabeis que eu sou Deus", e trazia à minha mente as minhas filhas reacendendo a chama da minha vida e me fazendo lembrar o quanto elas precisavam de mim.

Enquanto eu travava a batalha pela vida, relembro as vezes em que pensei em desistir e como Deus interveio para me resgatar. Fui muito abençoada pela Igreja Batista de Monte Castelo com a intercessão dos irmãos, por meio da minha amada mãe (*in memoriam*), das minhas irmãs e das minhas filhas, em especial minha filha, irmã, amiga e fiel escudeira, Rosiane Cunha. Ah! Como sou grata a Deus por tê-la colocado em nosso caminho e por ter cuidado de nós enquanto eu atravessava um dos períodos mais sombrios da minha jornada.

Recordo-me das várias vezes que fui levada a pensar em desistir de viver, e o Senhor entrou com providência e me livrou do laço da morte. Inúmeras foram as vezes que o Senhor guiou Rose para impedir que o pior acontecesse comigo.

Lembro-me da minha filha Thayane me questionando: "Mãe, a senhora não sabe mais de nada!". Deus a usou naquele dia para que eu percebesse o sentido da vida. Era eu quem tinha as respostas, era eu quem cuidava delas, e subitamente as minhas filhas perderam aquela mãe dinâmica, forte e determinada, que para tudo tinha a solução; os papéis se inverteram, e elas cuidaram de mim. Imagino o quanto foi difícil e doloroso para elas presenciar uma mãe definhando e que saiu de cena por um tempo.

Em outro momento, Thayane me perguntou: "Mãe, essa crise nunca vai acabar?". Creio que foi o próprio Espírito Santo que deu a resposta: "Filha, o que estamos passando servirá de testemunho e edificará outras vidas e engrandeceremos o nome do Senhor!". Como está escrito em Jeremias 17:10: "Eu sou o Senhor que sonda o coração e examina a mente, para recompensar cada um de acordo com a sua conduta, de acordo com as suas obras".

Querida, antes de "sermos passadas na peneira" — digo isso porque eu, Thayane, Thamara e Rose (que à época também era uma adolescente) tínhamos uma vida estável —, de nada tínhamos falta e, de repente, a depressão se instalou, a empresa quebrou e veio a escassez. Superamos os desafios, até que o Senhor me deu a vitória completa, tirou-me do mais profundo poço, deu-me vestes novas, restituiu minha vida, revestiu de carne meus ossos, e me fez prosperar.

Venci a depressão, e isso não foi fácil e nem rápido. Mas o Senhor guardou a minha vida, abençoou-nos e pudemos celebrar os 15 anos da Thayane na Igreja Batista.

Em junho de 2006, casei-me, engravidei e infelizmente perdi o bebê. Após a quarentena, enfrentei um outro processo doloroso ao qual quase sucumbi novamente. Enfrentei uma hemorragia severa em razão do aborto e precisei ir para a maternidade, onde foi necessário que eu fizesse a transfusão de três bolsas de sangue. E ali, mais uma vez, o Senhor me carregou nos braços, guardou a minha vida e me tirou do leito de morte.

Quando Deus nos escolhe, Ele providencia tudo e nos dá o livramento para que no tempo certo frutifiquemos. Não foram poucos os desafios na minha vida para eu hoje estar aqui compartilhando com você, leitora.

Em seguida, enfrentei uma septicemia aguda em decorrência da infecção urinária. Um quadro muito delicado, tendo, no Brasil, a média de mortalidade de 65%. No período de aproximadamente quinze dias de internação, recebi a visita do casal de pastores Pedro e Débora, que atendeu ao pedido da minha filha Thayane e que fez a diferença. Depois de orarem e ungirem o leito e me ungirem, o milagre aconteceu. A cura veio e, após três dias, tive alta do hospital, para honra e glória do nosso Deus. É inesquecível a importância desse casal de pastores como instrumento de Deus na minha vida.

Em 2007, o Senhor me abençoou mais uma vez com o dom da maternidade e engravidei da nossa caçula, Marcelle, hoje com 17 anos; é mais um milagre, pois nasceu depois de eu ter perdido todo o líquido amniótico. Deus guardou as nossas vidas e a Marcelle nasceu saudável, apesar do risco de ela nascer com paralisia cerebral.

Sou grata a Deus por ter uma família, filhos e netos. Tenho a minha herança, a minha descendência.

Quero ressaltar a importância da minha família e a imensa gratidão às minhas filhas e às minhas irmãs, Regina, Hildeneide e Ivoneide, que me incentivaram a retomar os estudos, me qualificar e me tornar servidora do Poder Judiciário Estadual.

O mais importante na minha jornada foi encontrar o propósito de vida e testemunhar que não há o impossível para Deus, pois "Deus é poderoso para fazer infinitamente mais do que pedimos ou pensamos" (Ef 3:20). O que, no secreto, o Senhor projetou para mim, tem se cumprido.

Comunicar ao mundo o que Deus fez na minha vida é só o começo! Assim como o Senhor me guardou desde o ventre da minha mãe, Ele tem guardado você, querida leitora.

Posso afirmar que os problemas enfrentados na vida não são para nos paralisar; fazem parte do treinamento para sermos aprovadas e usadas como mulheres com um chamado.

BIBLIOGRAFIA

BÍBLIA SAGRADA. Almeida Revista e Corrigida (ARC). Barueri: Sociedade Bíblica do Brasil, 2018.

BÍBLIA SAGRADA. Almeida Revista e Atualizada (ARA). Barueri: Sociedade Bíblica do Brasil, 2021.

BÍBLIA SAGRADA. Nova Versão Internacional (NVI). Rio de Janeiro: Thomas Nelson Brasil, 2017.

BÍBLIA SAGRADA. Nova Tradução na Linguagem de Hoje (NTLH). Barueri: Sociedade Bíblica do Brasil, 2019.

BÍBLIA SAGRADA. Nova Almeida Atualizada (NAA). Barueri: Sociedade Bíblica do Brasil, 2024.

"O mais importante
na minha jornada
foi encontrar o
propósito de vida e
testemunhar que não
há impossível
para Deus."

Isoneide Nunes

Karina Reche Abate

Olá! Meu nome é Karina Reche Abate. Sou esposa do Fabio Abate há quatorze anos, mãe de duas meninas incríveis, a Clara e a Isabella. Amo minha família e o meu maior objetivo é ser uma boa esposa e uma boa mãe, e para isso conto com o amor de Deus, que me guia, me ensina e me impulsiona para que a cada dia eu escolha ser mais parecida com Ele do que comigo mesma.

Na área profissional, já atuei com vendas, já tive meu próprio comércio — uma cafeteria —, o que me levou à paixão por gastronomia e serviço; por isso, estudei um pouco a respeito e fiz um estágio em um restaurante de um *chef* famoso aqui em São Paulo, minha cidade natal.

Atualmente, entendo que o Senhor me chama para andar e estar junto de mulheres posicionadas que disseram sim para o seu chamado, e este é o meu primeiro passo. Vamos juntas!

karinarecheabate

karecheabate@gmail.com

ALI NAQUELE JARDIM...

Karina Reche Abate

13

Quero falar algo que, muitas vezes, não damos a devida atenção. Mas descobri, ao longo da minha caminhada com Cristo, que era nesse detalhe da minha vida que estavam escondidas respostas e soluções.

Quero falar sobre identidade. Sei que a essa altura das nossas vidas já sabemos ou temos uma ideia de quem somos. Somos mais do que um RG, somos quem fomos construindo ao longo das nossas vidas; todas as informações que recebemos a nosso respeito, todos os valores que nos foram passados determinam a nossa identidade. Todas as informações que recebemos dos nossos pais na nossa infância irão determinar se iremos acessar ou não o nosso verdadeiro eu.

Durante muito tempo, eu vivi no sofrimento de não saber quem eu era. Eu tive uma boa infância, sempre fui saudável, feliz, uma menina que amava brincar, dançar, interpretar... mas fui muito mimada; eu esperneava se as coisas saíam do meu controle ou não eram da maneira como eu queria. Hoje, como mãe, eu sei que eu queria chamar atenção.

Meus pais me davam tudo, todos os brinquedos que eu queria, mas ainda existia um vazio dentro de mim; eu me lembro de viver no meu mundo, pelo menos era assim que eu me sentia, sozinha. E então, às vezes, essa solidão, literalmente berrava, eu até me envergava... "Olha lá, a Karina está dando mais um chilique". Eu era rotulada como a "chiliquenta", a nervosa.

Eu fui crescendo assim. Até que aos meus 12 anos o meu pai faleceu, uma morte súbita, aos 42 anos; aquilo foi um choque para todos, para a minha mãe e meus irmãos. Ficamos sem chão, sem referência, sem lei. A morte do meu pai impactou a vida de cada um de nós de diferentes maneiras e no profundo de cada um; estávamos feridos, sangrando e, na dor solitária de cada um de nós, seguimos.

Eu já não era mais uma criança. Estava entrando na adolescência, então o meu "grito" mudou, me tornei a rebelde, revoltada, e esse era um título empoderado até para a época; meus amigos viam atitude nessa rebeldia. Parecia estar tudo bem, afinal, rebeldia e adolescência, muitas vezes, andam de mãos dadas. Eu caminhava cada vez mais distante da minha essência, da minha natureza. A doçura e a meiguice não eram os meus adornos e eu acreditava nas informações mentirosas a meu respeito. Muitas vezes não me dei o devido valor, simplesmente porque eu não sabia que eu tinha valor. Eu continuava sozinha, procurando atenção, aceitação, amor.

Aos 26 anos, exausta de tudo isso, Jesus entrou na minha história. Ufa, que alívio! Com a ajuda do Espírito Santo de Deus, comecei a resgatar e reconstruir a minha identidade. Descobri na palavra de Deus quem eu era, quem eu sou! Sou filha amada do Pai, fui criada à imagem e semelhança dEle. Os pensamentos dEle me definem e não os meus pensamentos sobre mim.

Aos poucos fui rasgando a cédula falsa de identidade que tinha criado para mim. Estava tudo caminhando bem, Jesus preenchia minhas lacunas, mas eu ainda não tinha sido posta à prova, e isso aconteceu com a maternidade. Eu fui abençoada com a vida da minha primogênita; ela foi resposta de oração e trouxe ao meu casamento o verdadeiro significado de família.

Como pais de primeira viagem, o excesso de zelo nos fez cometer alguns erros, e, quando chegou a minha vez de passar pelas birras dela, o nervosismo que estava adormecido veio à tona e isso refletiu no comportamento dela. Quando os familiares viam as reações dela, logo falavam: "Ela é igualzinha a você", e aquilo me angustiava. Eu não aceitava, porque já tinha começado em mim um processo de ressignificação das palavras de maldição que recebi. Então eu levava aquelas situações com a minha filha diante do Senhor e ali, na presença dEle, eu repreendia e liberava sobre ela palavras de benção. Mas vivíamos uma luta, porque hora ou outra eu explodia com ela. Foi um tempo de muita briga e culpa, porque o meu comportamento iracundo se repetia. Eu orava, chorava, me arrependia, pedia perdão, mas as situações se repetiam com muita frequência; eu vivia pecando e me arrependendo.

O tempo foi passando e essas situações não eram mais tão frequentes, mas estavam sempre ali, por um triz, prontas para explodir. Até que eu percebi que precisava me ajudar de outra maneira e fui procurar um método terapêutico, e é sobre essa experiência, que veio complementar tudo aquilo que estava sendo mudado e transformado em mim por meio da palavra de Deus, que quero compartilhar com vocês. Eu, como protagonista da minha história, revisitei lugares da infância e criei, com o auxílio de uma profissional, uma nova realidade; renovei a minha mente como a palavra nos ensina em Romanos 12:2.

"Ali, naquele jardim, enquanto eu caminhava e os meus pés descalços sentiam o frescor da grama suave e macia, eu não sabia que o caminho que eu estava prestes a trilhar ali me levaria à cura. Era tudo tão revigorante, vivo e real, que a minha curiosidade estava aguçada. Houve um despertar dentro de mim.

O jardim me chamava, me acolhia; enquanto eu caminhava, aquela grama gelada, o cheiro da terra, o calor do sol me aquecia, existia uma brisa suave naquele cenário alaranjado, e eu só seguia adiante, ao encontro da minha origem, ao encontro do meu eu íntegro.

Eu caminhava sem pressa, meus cabelos seguiam o fluxo do vento. Minhas vestes eram claras, fluidas; sentia um conforto, uma segurança inexplicável, mesmo andando por um lugar que até então eu desconhecia. Eu estava pronta para vivenciar algo que ressignificaria tantas lacunas do meu ser.

Meu semblante estava leve, havia um sorriso por entre os lábios, e então o jardim se estreitou e agora parecia um corredor com muito verde, florido, e eu soube naquele momento que os laços afetivos também se estreitariam. Eu vi vocês, vocês dois ali naquele jardim e, meu Deus, o meu coração deu um salto, acelerou! Eu pude contemplá-los por um momento em que o tempo parecia ter parado; eu vi o amor estampado nos olhares, a cumplicidade, a entrega total. Vocês sorriam de mãos dadas, parecia uma dança que fluía no mesmo tom, vocês eram um só. Vocês estavam um de frente para o outro, havia uma mesa branquinha com quatro cadeiras, dessas de ferro, sabe? Com rococó, típica de jardim. Engraçado, tivemos uma dessas em nossa casa por tanto tempo! Percebi então que aquele jardim era **casa**, era **origem**, era **resgate**.

Eu caminhei ao encontro dos meus pais e entrei na cumplicidade deles, pois eles soltaram as mãos e as estenderam para mim; eu sorri, me emocionei com aquele convite, pois ansiava por ele há tanto tempo! Agarrei as mãos deles, olhamo-nos profundamente com os olhos cheios d'água, mas com uma alegria no coração que jorrava em sorrisos dos nossos lábios. Minha identidade estava sendo restaurada ali naquele jardim.

Não foi preciso dizer uma palavra, pois a leveza dos semblantes trouxe cura para o meu coração. Olhando para o meu pai e para a minha mãe, descobri, aceitei e gostei de quem eu era, de quem eu sou. Sou amada!"

A palavra de Deus ganhou uma vivência real que ressignificou toda uma vida, toda uma história. Como está escrito em Provérbios 15:13: "A alegria do coração transparece no rosto". Ali naquele jardim, nosso Éden particular, descobri que tenho um lugar de encontro, um lugar para voltar. "Tu foste a minha primeira e única escolha; ó Eterno. E agora, descubro que sou tua escolha! Puseste-me numa casa com jardim. Depois me fizeste teu herdeiro!" (Sl 16:5-6).

Então voltei para a minha realidade, revigorada com essa experiência. Comecei, então, a pensar e me lembrar, observando o meu redor e olhando para as minhas filhas, para algumas situações que passamos juntas, nas quais essa leveza não teve espaço. O filho observa e aprende com o Pai, assim como Jesus nos ensinou: "[...]em verdade lhes digo que o Filho não pode fazer nada de si mesmo; só pode fazer o que vê o Pai fazer, porque o que o Pai faz o Filho também faz" (Jo 5:19). Quão reais e poderosas são essas palavras! Quantas batalhas eu travei sisuda, carrancuda, e reprovei porque não mantive a alegria, a leveza, o amor no olhar, porque é no olhar que "pegamos" as nuances da vida, e eu estou a engatinhar por esse novo e vivo jardim, onde o Senhor me presenteou com duas meninas peritas em desvendar olhares e semblantes. Elas observam o tempo todo minha postura, minha linguagem corporal, aprendem e me decifram assim, e o tom do meu lar é dado dessa forma.

Elas são o meu lembrete diário: “Ei, calma! Respira, relaxa, sorria”. O problema é que, muitas vezes, elas me lembram disso de forma sutil, quando eu precisaria de algo mais direto para me trazer de volta. Porque eu confesso a vocês que tenho muito a aprender e praticar sobre essa leveza que, vinda de mim, irradiará nelas, no meu casamento, no meu lar; algo que me chama a viver de forma prática e intencional; “a resposta calma desvia a fúria”, como nos ensina o livro de Provérbios 15:1.

Por isso, nos dias mais tenebrosos, posso entrar naquele jardim, me acalmar e escolher sorrir, emanando assim a cura que hoje há em mim. Espero poder encorajá-la com a minha história a buscar a verdade sobre você, e só em Deus você terá acesso a ela. Na nossa vida vamos receber muitas vezes informações deturpadas a nosso respeito, e isso não é culpa de ninguém, embora hoje, na vida adulta, sejamos uma resposta ao que recebemos na infância, dado pelos nossos pais; acredite, eles deram o melhor que podiam, mas cada um só pode dar aquilo que também recebeu.

Busque se conhecer de verdade, por mais que isso traga dor e resistência. Vença tudo isso em primeiro lugar, com a ajuda de Deus, crendo em Jesus e recebendo as direções do Espírito Santo, mas conte com a ajuda de pessoas, amigos, profissionais e, se necessário, o uso de medicamentos. Não se envergonhe e não se sinta incrédula ou indigna do lugar de filha de Deus, pois essa é a única verdade: você é filha amada de Deus! Viva a liberdade de saber quem você é! Deus a abençoe!

BIBLIOGRAFIA

BÍBLIA SAGRADA. Nova Versão Internacional (NVI). Disponível em: https://www.bibliaonline.com.br/NVI. Acesso em: 20 mar. 2025.

BÍBLIA SAGRADA. A mensagem. Disponível em: https://biblia-a-mensagem.com. Acesso em: 20 mar. 2025.

"Faça o que for preciso, mas faça, porque o complemento da oração é a ação. Você foi chamada para mudar uma geração!"

Karina Reche Abate

Karla Lorrayne F. de Sousa

Olá! Meu nome é Karla Lorrayne Ferreira de Sousa, tenho 32 anos e sou casada com Tulio Costa. Natural de Goiânia/GO, resido em Araguaína/TO há mais de vinte anos. Sou formada em Educação Física, mas foi no ramo da beleza que encontrei meu verdadeiro propósito.

A frase que sempre carrego comigo e que reflete minha trajetória é: "Desistir de quem sou em Deus nunca foi uma opção. Entre as montanhas da vida, há vales onde somos moldados. O tempo de Deus sempre será melhor que o meu".

Através dessa frase, Deus me lembrou de Seu plano perfeito. E foi justamente no momento de maior incerteza que eu decidi não desistir e continuar ouvindo seu chamado. Este capítulo é um reflexo de uma jornada de fé, em que a cada desafio eu fui moldada e fortalecida por Ele.

espaço.karla

DESISTIR OU ENTENDER O MEU PROPÓSITO?

14

Karla Lorrayne F. de Sousa

Existem momentos em que a vida nos leva a encruzilhadas, e precisamos decidir entre desistir ou confiar no propósito que Deus nos reservou. Minha trajetória é marcada por desafios, superações e, acima de tudo, fé inabalável. Desde muito jovem, sentia que minha vida teria um propósito maior do que eu poderia imaginar. No entanto, compreender esse chamado e aceitá-lo exigiu de mim uma entrega total, uma renúncia à minha vontade para abraçar os planos divinos.

Nasci em Goiânia/GO, mas foi em Araguaína/TO que construí minha história. Casada, mãe, empresária e, acima de tudo, serva de Deus, minha caminhada não foi fácil. A princípio, minha formação era em Educação Física, mas Deus me conduziu para um caminho inesperado: o empreendedorismo no ramo da beleza. A cada dia, percebia que meu trabalho não era apenas sobre estética; era um ministério. Eu cuidava de mulheres que, mais do que de um serviço, precisavam de acolhimento e palavras de esperança.

No início da minha carreira, enfrentei um dilema: deveria seguir minha paixão por evangelizar ou continuar com minha empresa? A resposta veio de forma clara. Deus havia me dado aquela empresa como um instrumento para levar Sua palavra. Cada cliente que se sentava em minha cadeira era uma oportunidade de plantar sementes de amor e esperança. Foi ali que compreendi que desistir jamais foi uma opção.

A caminhada, no entanto, foi repleta de provações. A maior delas foi a luta para ser mãe. Durante oito anos, eu e meu esposo enfrentamos a dor da infertilidade. Foram anos de tentativas frustradas, tratamentos, esperanças renovadas e corações despedaçados. Chegamos a fazer duas tentativas de tratamento de inseminação artificial, sem sucesso, e, quando pensávamos que não havia mais caminhos, Deus nos surpreendeu.

No ano de 2021, em meio ao crescimento da empresa e ao fortalecimento espiritual do meu esposo, tentamos a fertilização *in vitro* (FIV). Foi um processo árduo, e novamente o resultado foi negativo. A dor era imensurável, mas minha fé nunca vacilou. Deus havia me dado uma promessa e eu sabia que ela se cumpriria no tempo dEle. Continuei clamando, insistindo e acreditando. Em fevereiro de 2023, decidimos tentar mais uma vez. Paralelamente, minha empresa crescia, com um espaço maior, uma equipe de vinte e um profissionais e um novo sonho surgindo: a construção da sede própria do Espaço Karla.

E então, em 11 de março de 2023, recebemos a notícia que mudaria nossas vidas: eu estava grávida. O milagre que tanto esperávamos estava acontecendo. No entanto, o caminho ainda reservava desafios. Perdi um dos embriões nas primeiras semanas e o medo tentou me paralisar. Mas Deus sustentava cada passo, e Joana Laura, minha promessa viva, continuava crescendo forte e saudável.

A gravidez exigiu repouso, afastamento do trabalho e uma renúncia temporária. Mas eu sabia que tudo estava no controle de Deus. O tempo passou, e no dia 14 de novembro de 2023, minha filha nasceu. A maior bênção da minha vida estava em meus braços, provando que Deus é fiel para cumprir Suas promessas.

A maternidade chegou junto com um novo desafio: a construção da sede própria do Espaço Karla. Com um bebê nos braços e um projeto grandioso em andamento, enfrentei desafios que jamais imaginei. Atrasos, descompromissos e dificuldades financeiras tentaram me desanimar. Mas, mais uma vez, Deus se mostrou presente. Ele me fortaleceu e cercou-me de pessoas que acreditavam em minha missão.

A cada novo obstáculo, Deus renovava minhas forças. Ele me mostrou que a caminhada cristã é feita de provações, mas que a recompensa para quem persevera é imensurável. Joana Laura, mesmo tão pequena e frágil, foi um pilar de força em minha vida. Seu sorriso e sua presença me lembravam todos os dias de que Deus tinha um propósito maior para mim, e que tudo aquilo valeria a pena.

A construção do Espaço Karla foi um sonho desafiador. Os recursos nem sempre estavam disponíveis, e houve momentos de incerteza. Mas cada parede levantada, cada detalhe planejado era fruto de oração e dedicação. Deus abriu portas que eu nunca imaginei que se abririam. Cada cliente que entrava em meu espaço me lembrava da missão maior que eu tinha. Não era sobre beleza exterior apenas, mas sobre transformação interior.

O desafio de conciliar a maternidade e o empreendedorismo me trouxe grandes aprendizados. Houve dias em que me sentia exausta, sem forças para seguir em frente. Mas Deus sempre enviava sinais de que eu estava no caminho certo. Mulheres que entravam no salão para um simples atendimento saíam emocionadas, tocadas pelo amor de Deus.

Tive momentos de incerteza, mas nunca de desistência. Sabia que cada dificuldade era um degrau para algo maior. Deus me sustentou em cada decisão. Mesmo quando os obstáculos pareciam insuperáveis, Ele me mostrava que o impossível para mim era apenas um detalhe para Ele.

A fé foi meu combustível. Muitas vezes, enquanto embalava minha filha para dormir, conversava com Deus em silêncio, pedindo forças para continuar. Ele sempre me respondeu com paz e segurança. Sabia que não estava sozinha.

O apoio da minha família também foi essencial. Meu esposo, que um dia duvidou, tornou-se um parceiro de fé e propósito. Ele testemunhou cada luta e cada vitória ao meu lado. Juntos, aprendemos que os planos de Deus são perfeitos.

Hoje, 8 de março de 2025, inauguro a sede própria do Espaço Karla, um dos maiores salões de beleza da região. Olhando para trás, vejo que cada lágrima, cada renúncia e cada desafio foram degraus para me levar ao centro do propósito de Deus. Meu trabalho nunca foi apenas sobre estética. Era sobre amor, cuidado e transformação.

A jornada até aqui me ensinou que o chamado de Deus exige perseverança, entrega e fé. Muitas vezes, queremos respostas imediatas, mas aprendemos que há um propósito no tempo de espera. Cada mulher que passa pelo meu espaço não sai apenas com uma mudança externa, mas com um toque do amor de Deus.

Se há algo que quero compartilhar com você, é que Deus também tem um chamado para sua vida. Talvez você esteja enfrentando seu próprio deserto, esperando por um milagre ou tentando entender seu propósito. Confie. Deus age no tempo certo e de maneiras que jamais imaginamos. Ele transforma dor em testemunho, desafios em crescimento e sonhos em realidade.

Hoje, ao olhar para minha filha, para minha empresa e para tudo que Deus realizou, sei que cada prova valeu a pena. Minha história é prova viva de que, quando nos dispomos a ouvir e seguir o chamado, Deus nos conduz a lugares que nunca sonhamos.

Permita-se ouvir. Permita-se crer. O chamado já foi feito. Basta estar atenta e pronta para atendê-lo. O que Deus tem para sua vida vai muito além do que você possa imaginar. Assim como Ele fez comigo, Ele pode fazer com você. Basta confiar, perseverar e entregar-se completamente aos planos dEle. Nunca subestime o que Deus pode fazer na sua vida. Assim como Ele me deu forças para continuar, Ele também pode fortalecê-la. Seu testemunho pode ser o próximo a inspirar outras pessoas a nunca desistirem daquilo que Deus prometeu. Confie no processo, pois Deus já tem tudo preparado para você.

Os frutos da perseverança

Ao longo da minha jornada, aprendi que a fidelidade a Deus e a perseverança diante dos desafios produzem frutos que vão muito além do que podemos imaginar. No início, eu via o meu negócio apenas como um meio de sustento e crescimento profissional, mas com o tempo percebi que ele era um instrumento poderoso nas mãos de Deus. O que antes parecia apenas uma empresa de beleza, tornou-se um ministério de transformação na vida de muitas mulheres.

Muitas clientes entraram no Espaço Karla em busca de um serviço estético, mas saíram dali renovadas, não apenas externamente, como também interiormente. Comecei a perceber que cada atendimento era uma oportunidade de compartilhar uma palavra de esperança, de ouvir uma história e de levar consolo às que enfrentavam suas próprias batalhas. Algumas mulheres chegavam em meio a crises emocionais, sentindo-se desvalorizadas, sobrecarregadas pela vida e sem perspectivas. Muitas saíam dali transformadas, não apenas pelo reflexo no espelho, mas pela nova percepção que tinham de si mesmas.

Houve momentos em que eu duvidei se conseguiria conciliar todas as responsabilidades. A maternidade, o empreendedorismo e o ministério que se desenhava diante de mim eram desafiadores. Mas Deus sempre renovava minhas forças e me mostrava que, assim como Ele transformou minha dor em vitória, Ele também faria o mesmo na vida de outras pessoas por meio do meu testemunho.

Aos poucos, comecei a ver colaboradoras, clientes e amigas sendo tocadas pelo amor de Deus. Algumas reencontraram sua fé, outras passaram a enxergar novos caminhos para suas vidas. O que era apenas um negócio tornou-se um canal de bençãos. Uma das maiores recompensas dessa jornada tem sido ver que minha história inspira outras pessoas. Mulheres que desistiriam de seus sonhos encontram forças para continuar. Outras, que não viam esperança em suas situações, passaram a acreditar que Deus também tem um plano para elas.

Muitas vezes, sem que eu soubesse, minhas palavras e minha própria caminhada impactaram alguém de maneira profunda. Isso me faz entender que o processo nunca termina. Sempre haverá novos desafios e novos propósitos a serem vividos. O que Deus realizou até aqui é apenas o começo. Sei que Ele tem muito mais reservado, tanto para mim quanto para cada pessoa que cruza meu caminho. Cada dificuldade superada me ensinou algo novo, e cada vitória foi uma confirmação de que vale a pena confiar no processo divino.

A mensagem que quero deixar é que, independentemente das circunstâncias, Deus não falha. Ele não apenas cumpre Suas promessas, mas também usa nossas vidas para impactar outras pessoas. Se você está enfrentando um processo difícil, lembre-se de que o que parece dor hoje pode ser um testemunho poderoso amanhã. Não pare no meio do caminho.

O seu chamado pode ser muito maior do que você imagina, e os frutos da sua perseverança irão muito além do que os seus olhos podem ver.

“Permita-se ouvir.
Permita-se crer.
O chamado já foi
feito. Basta estar
atenta e pronta para
atendê-lo.”

Karla Lorrayne F. de Sousa

Crédito: Aroucha fotografia.

Keila Katiúscia

Sou Keila Katiúscia, natural de São Luís/MA, filha de Jacqueline e Juraci, irmã de Kerlane e Elder, meus pilares e porto seguro. Casada com Wagner Lima, meu amor e incentivador dos meus sonhos, mãe das princesas Júlia Hadassa e Maria Cecília, nossas flechas.

Sou pastora, apaixonada pela Palavra de Deus, e nutricionista de formação, com especializações na área. Atualmente, sou coordenadora de nutrição em um hospital de referência.

Filha amada do *Abba*, minha história é marcada pelo Seu cuidado, e não posso me imaginar em outro lugar que não seja no centro de Sua vontade. Por meio do meu testemunho, busco impactar vidas e levá-las a uma busca mais profunda por esse Deus, que é poderoso para fazer infinitamente mais do que tudo que pedimos ou pensamos — e este livro é um exemplo disso.

keila.katiuscia

+55 (98) 98595.3348

keila.katiuscia@hotmail.com

MULHERES COM UM CHAMADO

VOLUME 3

FILHA AMADA: A JORNADA DE UMA ESCOLHIDA

15

Keila Katiúscia

Enquanto escrevo as primeiras palavras desse capítulo, estou ao lado das minhas filhas Júlia e Maria, finalizando o nosso devocional. Daqui a pouco, iremos nos organizar para dormir, mas, antes disso, faremos nosso momento de oração em gratidão por mais um dia, pelas nossas vidas, pelo Seu cuidado e amor e porque até aqui o Senhor nos ajudou.

Compartilho isso com você, querida leitora, com meu coração grato a Deus, pois hoje posso proporcionar às minhas filhas o que não tive em minha infância: uma base cristã e que ensina a amar a Deus e ter prazer em sua presença. Nasci em um lar sem referência religiosa; embora minha família tivesse uma raiz católica, meus pais não eram praticantes ou incentivadores para que frequentássemos uma igreja. Contudo, você irá perceber nas próximas linhas que a minha jornada até aqui é a prova de que, quando Deus tem um propósito em nossas vidas, tudo irá cooperar para que se cumpra a vontade dEle, que é boa, perfeita e agradável.

Minha história se inicia em meio a uma família simples. Cresci na periferia, cercada por violência, brigas de gangues, drogas e pobreza extrema, sem muitas perspectivas, mas incentivada pelos meus pais a encontrar nos estudos a esperança de uma vida melhor. Sempre admirei e amei meu pai, Juraci, um homem trabalhador que veio do sertão do Piauí para construir uma vida melhor em São Luís. Trabalhava incansavelmente para nos dar aquilo que não teve. Da mesma forma, sempre amei a minha mãe, Jacqueline, uma dona de casa zelosa, sonhadora, uma mãe amorosa que sempre fez de tudo pelos seus filhos.

Cresci ao lado dos meus irmãos, a mais velha Kerlane e o caçula Elder. Aprendemos muito cedo a proteger e cuidar uns dos outros. Desde a infância, tivemos que lidar com as consequências desastrosas do álcool na vida dos nossos pais. Crescemos em meio a uma verdadeira guerra, confusões e brigas terríveis, chegávamos a pensar que em algum momento um deles sairia morto daquela situação. Ficávamos aterrorizados com tudo aquilo, e mesmo sem saber orar, pedíamos a Deus que um dia tudo aquilo acabasse, para que tivéssemos paz. Não foi fácil crescer em meio a essa realidade, mas nos tornamos a fortaleza uns dos outros.

Somado a esse cenário, ainda na infância fui tomada por sentimentos de inferioridade e rejeição que me fizeram por muito tempo acreditar que eu seria menos amada por meus pais, ou mesmo que eles tinham meus irmãos como favoritos. Eu me apegava a expressões, ausência de palavras de afirmação e reconhecimento, comemorações de aniversário que não tive, coisas que pareciam insignificantes, mas que fortaleciam essas emoções negativas em mim. Tais sentimentos perduraram por anos em minha vida e geraram traumas, refletindo em minha autoestima e autoimagem, e, em consequência disso, me achava menos bonita, menos inteligente, menos amada, menos valorizada, entre outros sentimentos que faziam de mim uma criança tímida, medrosa e oprimida.

Na pré-adolescência, desenvolvi sintomas de anorexia. Fazia dietas para perder peso mesmo sendo extremamente magra; além disso, tinha vergonha do meu cabelo, do tamanho do meu pé, do meu sorriso — na verdade, eu não gostava de nada em mim. Mas louvo a Deus por hoje contar esse testemunho como uma mulher curada em minhas emoções, pois quando permiti que Jesus me tratasse, comecei a entender que Ele me escolheu não por minha aparência ou pelo que podia oferecer, mas porque, antes mesmo de me formar no ventre da minha mãe, Ele já me conhecia (Jr 1:5) e tinha propósito em minha vida.

Hoje eu quero declarar isso sobre você, minha amada: Deus tem algo poderoso para fazer em sua vida e por meio dela, e todas as mentiras que um dia satanás quis que você acreditasse, só tinham um motivo: desviar seu olhar do propósito. E se você ainda acredita nelas, hoje é o dia do seu "**basta!**", pois você não será mais paralisada pelos enganos do inimigo. Hoje estou aqui para declarar sobre sua vida: Cristo a amou primeiro, e agora você não é rejeitada, mas amada por Ele. Eu declaro sobre você que o ciclo de rejeição se encerra e dá espaço para um tempo em que serás chamada Filha Amada e ocuparás um lugar de honra que Ele a chamou para ocupar.

Anos depois, já na adolescência, após a morte do meu avô paterno, minha mãe me enviou para morar com minha avó para lhe fazer companhia, em uma cidade próxima a nossa, chamada São José de Ribamar. Lá estudei em um convento, uma escola conservadora, e naquele tempo me aproximei mais da religião católica. Além disso, a minha avó Lourdinha sempre foi muito praticante do catolicismo, me ensinou a rezar e sempre me levava junto à missa.

Aquilo foi o que me levou mais perto de uma religião. Louvo a Deus pela vida da minha avó, pois ela foi grande responsável por eu não desejar conhecer as coisas do mundo ou me desvirtuar para outros caminhos. Foi então que aos 13 anos uma amiga da escola falou de Jesus para mim, e me sugeriu ler o livro de Apocalipse, e assim o fiz; resultado: fiquei apavorada, eu precisava aceitar Jesus antes que Ele voltasse. E sem que ninguém, além do Espírito Santo, me dissesse mais nada, me ofereci para ir com minha prima visitar a igreja em que ela congregava — era a Igreja Batista Nacional em São José de Ribamar. Eu estava ansiosa para saber mais sobre aquele Jesus, eu verdadeiramente queria conhecê-lo.

Não fiz minha confissão de fé logo no primeiro culto; visitei alguns dias, até que tomei minha decisão e confessei Jesus como Senhor e Salvador, e essa foi a melhor decisão da minha vida. Daquele dia em diante, iniciei minha jornada de fé, e, mesmo com as dificuldades e provações que encontramos no meio do caminho, decidi não olhar para atrás, e sempre que me recordo disso louvo a Deus que me escolheu e me separou, pois eu não poderia imaginar a minha vida sem Jesus. Sou grata porque Ele me encontrou e me abraçou com seus braços de Amor. De filha que antes se sentia rejeitada, passei a ser filha amada, uma verdadeira filhinha do Papai.

No ano seguinte, retornei para a casa dos meus pais. Agora já conhecia Jesus, já havia os perdoado e pedido perdão, pois todos aqueles sentimentos da infância não passaram de engano do inimigo;

agora eu podia enxergar que meus pais verdadeiramente me amavam. Meu irmão mais novo foi o primeiro de nós a ir para a igreja. Desde os oito anos, congregava-se na Igreja Batista Ágape, onde decidi me congregar após retornar à casa dos meus pais. Juntamente comigo, minha irmã mais velha confessou a Jesus e passou a congregar-se conosco. Não demorou muito e a nossa mãe fez sua confissão de fé, o que foi um divisor de águas em nossa família, pois minha mãe de fa-to se converteu, deixou o alcoolismo e se tornou uma mulher segundo o coração de Deus, passou a ser testemunho dentro de casa e ganhou o respeito e admiração do meu Pai e de toda a nossa família. Vimos a bondade de Deus restaurar o casamento dos nossos pais e, tanto tempo depois de casados, viverem felizes, cuidando um do outro e se amando. É assim que Deus faz, Ele é especialista no impossível.

Quanto a mim, me fortaleci na fé, passei por inúmeros encontros e trabalhos de consolidação na igreja que me ajudaram em meu processo de cura. Tive a minha autoestima e autoimagem restaurada por Cristo e cresci como serva de Deus, apoiada por inúmeros homens e mulheres de Deus que foram essenciais em minha jornada.

Sou grata em especial aos meus apóstolos Jesus e Zilda, que acreditaram e foram instrumento de Deus em minha vida, e logo que cheguei na igreja me confiaram uma célula para cuidar de mulheres, trabalho esse que despertou em mim o amor e o cuidado por vidas. Nessa jornada, no ano de 2017, fui levantada pastora em nossa amada igreja Mapa, missão a qual exerço com honra e zelo.

Por meio da cura das minhas emoções, passei a viver pela fé e ver o resultado de inúmeras palavras proféticas que recebi ao longo da minha caminhada. Passei a acreditar que em Cristo eu posso todas as coisas; aprendi a me posicionar e não renunciar aos meus princípios. Comecei a ensinar outras mulheres que elas também eram capazes, que se eu consegui elas também conseguiriam. Formei muitas líderes, vi discípulas crescerem no Reino, e mesmo as que hoje não caminham comigo, levam a marca de alguém que foi gerada em meu ventre espiritual.

Nessa jornada, logo que entrei na Ágape, Deus me apresentou o meu escolhido, meu esposo Wagner, com quem construí uma linda família, tendo como fruto nosso maior tesouro, nossas filhas. Decidimos acreditar um no outro e sonhar alto, e foi assim que, incentivada por ele, me formei em nutrição, área pela qual sou fascinada e em que atuo há nove anos. Com muito esforço e determinação, tive a oportunidade de crescer na profissão e assumir a gestão de uma unidade de alimentação e nutrição. Hoje, tenho a oportunidade de aplicar na profissão muito daquilo que ao longo dos anos aprendi cuidando de vidas no Reino de Deus.

Eu encerro este capítulo, que representa um marco em minha história, declarando que vivo hoje o cumprimento de palavras proféticas liberadas sobre minha vida, família e ministério, e quem me conhece costuma ouvir que eu vivo pela fé, sem perder o olhar da promessa; eu tenho convicção de para onde estou indo. Eu me apego à Palavra e não abro mão dela.

Eu sou aquilo que Deus me determinou para ser. Eu poderia ter escolhido ser refém da minha história, mas escolhi ser protagonista, e esse é meu convite para você: pare de se lamentar porque sua vida não foi fácil, porque as coisas parecem que não dão certo para você, aquela síndrome do "ninguém me ama, ninguém me quer". Coloque um ponto final hoje e decida virar essa página em sua vida. Apodere--se da mulher incrível que você é: escolhida de Deus, amada por Ele, chamada para um propósito muito maior. Se você fizer isso, eu lhe garanto: ninguém poderá detê-la. Eu declaro sobre sua vida, mulher extraordinária, ainda nos encontraremos nos lugares altos que Deus reservou para mim e para você. Então, vamos lá?

Encontro você em nosso destino profético.

Um forte abraço,

Pra. Keila Katiúscia

BIBLIOGRAFIA

BÍBLIA SAGRADA. Nova Almeida Atualizada (NAA). Barueri: Sociedade Bíblica do Brasil, 2018.

“Quando abracei a
visão que Deus tinha
de mim, descobri
o poder de ser um
reflexo de Sua graça.”

Keila Katiúscia

Larissa Marinho

Larissa Marinho, nascida no ano de 1992 na cidade de Itatiba, interior de São Paulo. Filha, mãe, esposa, escritora, pastora e serva. Dedico-me ao ensino e fortalecimento espiritual de mulheres. Sou casada com o pastor e empresário Antônio Marinho, e juntos pastoreamos o ministério Comunidade Identidade em Cristo, na cidade de Morungaba/SP.

Mãe do Théo e da Rebeca, tenho como missão compartilhar uma mensagem de fé, identidade e propósito. Eu me fundamento na graça e no amor de um Pai que me ama, escrevo sobre cura emocional, crescimento espiritual e relacionamento com Deus.

Acredito que palavras têm o poder de transformar vidas, e minha escrita reflete esse compromisso. Este livro em sua totalidade é um convite para mulheres que desejam crescer espiritualmente e viver plenamente o chamado de Deus.

escritoralarissamarinho

MULHERES COM UM CHAMADO
VOLUME 3

QUEBRADA, MOLDADA, RESTAURADA

16

Larissa Marinho

Querida mulher, pedi a Deus uma direção acerca do que Ele queria que eu transmitisse a você através dessa leitura, e depois de dias conversando com Ele em busca de respostas, me veio a palavra "restauração". Uma palavra simples, mas poderosa, que carrega um significado profundo e que vai além do que nossos olhos podem enxergar.

Mas, afinal, o que é restauração?

Restauração significa fazer algo voltar à sua forma original. Muitas vezes, achamos que restauração é apenas "consertar" ou "reparar", mas ela vai além disso. Restauração envolve uma transformação, algo que se torna ainda mais forte, refinado e belo do que antes. O processo de restauração é uma verdadeira obra de arte nas mãos de Deus, que é o Oleiro. Ele trabalha pacientemente em nós, tirando as impurezas e nos moldando de forma única e especial.

Antes de iniciarmos este capítulo, quero sugerir uma canção para o seu coração, enquanto desfruta desta leitura. Que as palavras dessa música falem diretamente com a sua alma, como palavras de cura e restauração: *Beautifully Broken* ("Lindamente quebrada"), da banda Plumb.

Bom, agora que já sabe o significado de restauração e enquanto escuta essa canção, quero convidá-la a um exercício de imaginação.

O vaso e o processo

Feche os olhos e imagine um lindo vaso de adorno, aquele vaso belíssimo que você gostaria de ter em sua sala. Um vaso perfeito, com a forma, as cores, o brilho que refletem sua beleza de maneira única. Conseguiu imaginar? Agora, mude um pouco a visão: em vez do vaso perfeito, imagine um vaso deformado, com rachaduras, sem pintura e acabamento, um vaso que você jamais compraria.

Esse segundo vaso representa um objeto que passou por muitas adversidades: sol, chuva, quedas, rachaduras e até quebras, restando apenas os cacos para contar a história. É assim que muitas vezes nos sentimos, não é mesmo? Como se o tempo e as dificuldades nos tivessem quebrado, deixando marcas no corpo e em nossa alma.

Ainda imaginando esse vaso, permita que a doce presença do Espírito Santo visite você, permita-se ser tocada, deixe Ele entrar nas áreas mais profundas e secretas que existem aí dentro de você. Talvez esse vaso quebrado do qual estamos falando — e que você está imaginando —, seja você!

Pense um pouco: quantas vezes você se sentiu assim? Quantas vezes a vida a quebrou em pedacinhos e você se perguntou se ainda havia esperança? Quantas vezes olhou para si mesma e só viu rachaduras, feridas e marcas do passado?

Mas há algo maravilhoso nisso tudo: Deus não descarta vasos quebrados. Ele enxerga além da aparência e vê o potencial que existe aí dentro de você. E o melhor: Ele deseja restaurar tudo o que foi quebrado, transformar os cacos em algo mais belo, mais forte, mais preparado para cumprir o propósito dEle na terra!

Deus restaura vasos quebrados

Deus não descarta vasos quebrados, diferente dos homens e da sociedade que estão sempre em busca de "novos lançamentos", "novas tendências" e produtos que vendam, fazendo com que aquilo que já não serve, seja descartado. Talvez você esteja se sentindo assim agora, descartada ou desprezada por alguém, e isso a tem impedido de enxergar o seu real valor. Quero lembrá-la de que Deus enxerga o seu valor. Não é a aparência, é a essência!

Você não é o instante, você é a totalidade da obra mais linda de Deus, a criação.

É necessário passarmos pelo processo da restauração. Trata-se de algo único e intransferível, pois só você sabe a restauração que precisa viver. Cada uma de nós passamos por processos diferentes e cada um deles tem o propósito de nos tornar mais parecidas com a imagem de Cristo, de nos fortalecer, de nos lapidar. Mas, para isso, precisamos dar o primeiro passo.

Você está disposta?

1. Reconhecer a quebra

Para ser restaurada, você precisa admitir que está quebrada. Não tente colar seus cacos sozinha — isso só resultará em um trabalho falho e incompleto. Sozinha, nossa capacidade de restaurar o que foi quebrado é limitada. Mas com o poder de Deus, Ele pode fazer nova todas as coisas!

Agora eu lhe pergunto: o que você tem tentado consertar sozinha? Quantas vezes tentou carregar um fardo sozinha, tentando esconder suas dores para que ninguém percebesse?

É difícil admitir que estamos quebradas, mas essa honestidade consigo mesma é o primeiro passo para a verdadeira cura. Quando você se permite ser vulnerável diante de Deus, Ele se faz forte em sua fraqueza. Não tenha medo de entregar suas dores, perdas e frustrações ao Oleiro, que tudo pode restaurar.

Sei que isso pode ser difícil, pois na maioria das vezes tentamos esconder nossas falhas ou minimizar nossa dor, não é mesmo? Mas o processo é necessário!

Assim como o vaso passa por etapas até se tornar belo e forte, nós também passamos. Talvez, neste exato momento, você esteja passando por altas temperaturas de provação, sentindo-se pressionada e se perguntando: "Por que Deus permite certas situações?".

Mas lembre-se: o Oleiro nunca erra! Ele não quebra um vaso sem a intenção de restaurá-lo e deixá-lo ainda melhor. O fogo, embora difícil, serve para nos purificar. O barro que não é exposto ao fogo permanece frágil. Então, entenda que, no momento da sua dor, Deus está trabalhando de forma intencional em sua vida.

2. O propósito do processo

O Oleiro molda cada vaso com um propósito. Ele pressiona o barro, dá forma, refina e coloca no fogo para dar estrutura. O fogo representa os desafios da vida: provações, mudanças e situações difíceis. Pode ser desconfortável, mas é essencial. Sem essa etapa, o vaso continuará frágil, quebrando por qualquer motivo.

O que as altas temperaturas da vida têm ensinado a você? Talvez você esteja enfrentando momentos difíceis e não compreenda o motivo. Mas convido você a refletir: será que esses desafios não a estão fortalecendo? Será que Deus não está usando essas situações para torná-la uma mulher ainda mais forte e preparada para viver a totalidade do que Ele tem para você?

O que você está enfrentando agora faz parte da sua construção. Cada aperto do Oleiro é intencional, pois é nesse processo que Ele remove as impurezas e fortalece a sua fé! Sem o processo de purificação, não conseguiríamos carregar o propósito divino de maneira plena.

3. A nova identidade

Um vaso restaurado não é apenas consertado, ele é aprimorado. Deus não apenas cura suas feridas, mas também lhe dá um novo propósito, uma nova identidade. E eu quero que você se lembre disto: você não será mais a mesma depois que passar pelo processo de restauração. Você será uma versão mais forte, mais refinada de si mesma.

Você já parou para pensar que talvez Deus esteja reconstruindo você para algo muito maior? Que essa fase da sua vida, por mais difícil que pareça, faz parte de um plano ainda maior?

Por isso, não fuja do processo, confie nas mãos poderosas que moldam você. Quando Ele terminar, você não será apenas um vaso qualquer, mas será um vaso de honra, linda, estruturada e preparada para carregar tudo o que Ele tem para você.

Um chamado à restauração

Eu a convido novamente a fechar os seus olhos e respirar fundo. Pense em tudo o que já viveu em sua vida, os momentos difíceis, as lágrimas derramadas, as dores que pareciam insuportáveis.

Tente olhar para essas marcas com outros olhos, vamos lá! Elas não são sinais de derrota, são marcas de uma guerreira. São provas de que você passou por tempestades e sobreviveu. Deus usou cada uma dessas experiências para prepará-la para algo grandioso.

O mundo pode até enxergar suas cicatrizes como fraqueza, mas Deus as vê como sinais de superação. E Ele não apenas a vê, mas Ele a escolheu. O Oleiro está trabalhando e Ele não desistiu de você! E sabe o que mais? Quando Ele terminar, você não apenas voltará à sua forma original, você será ainda mais forte e valiosa.

Não tenha medo do processo, se entregue à restauração.

Deixe-me contar um pouquinho da minha história a você. Nasci em uma família na qual recebi muito amor, principalmente dos meus avós Tânia e Zezé (*in memoriam*). Fui criada por eles. Minha mãe sempre trabalhou para me proporcionar um estilo de vida abastado, mas eu sentia que faltava algo. Cresci vendo meus primos terem uma família estruturada, pais casados e que se davam bem, e eu não entendia o porquê de não ter meus pais juntos. Passei por psicólogos durante minha infância, até que cresci.

Cheguei à adolescência, e nesse período meu avô adoeceu, teve um acidente vascular cerebral (AVC), e confesso que fiquei sem chão. Minha referência de homem trabalhador, honesto e de caráter estava me deixando. Ele sempre foi a minha figura paterna; era para ele que eu levava minhas cartinhas e lembrancinhas de dia dos pais da escola. Meu pai sempre foi ausente, em todos os aspectos, e eu entendia que ele tinha seus motivos.

Mas tudo isso me moldou, ensinou-me a depender de Deus. Sei que posso estar falando com você, que também talvez esteja se sentindo quebrada. O processo de restauração não é fácil, mas posso lhe garantir que vale a pena. Deus a está moldando, assim como Ele me moldou. Ele quer usar cada ferida, cada rejeição, cada dor para trazer à tona o Seu propósito em sua vida. Que o Oleiro continue moldando sua vida, fortalecendo sua fé e restaurando cada parte do seu coração.

O restante da minha história, a jornada de restauração, continua...

E a sua também está apenas começando!

"Não há restauração
sem quebra, pois é
na ruína que Deus
revela Seu poder de
reconstruir algo
ainda melhor."

Larissa Marinho

Letícia Araújo

Sou Letícia Araújo, natural de Brasília/DF, e nessa amada cidade resido com a minha amada família, meu amado esposo Elias Oliveira, com quem sou casada há mais de dezessete anos, e meu filhão tão desejado, um milagre chamado Nícollas Araújo.

Sou psicoterapeuta e terapeuta cristã, mentora de mulheres, cantora e ministra da Palavra; sou compositora e tenho várias canções gravadas.

Tenho dois projetos lindos: Eu Me Posiciono que é a leitura bíblica em três meses, e o Na Casa da Lê um projeto voltado para mulheres no qual trabalhamos a intimidade e a constância em Deus; também trabalhamos a identidade, cura, libertação, salvação e paternidade. Dentro do projeto ainda temos a escola diretamente pelo WhatsApp, e diariamente trabalhamos com ela.

leticiaaraujooficial

nacasadale_oficial

+55 (61) 98457-8647

MULHERES COM UM CHAMADO

VOLUME 3

SEM FILHOS ESPIRITUAIS, SEM FILHOS FÍSICOS

17

Letícia Araújo

Certamente, você já ouviu falar sobre o Secreto do Evangelho de Jesus segundo escreveu Mateus 6:6: "Mas tu, quando orares, entra no teu quarto e, fechando a tua porta, ora a teu Pai, que está em secreto; e teu Pai, que vê em secreto, te recompensará publicamente". Realmente, a vontade do Senhor é nos encontrar no lugar secreto.

A mulher que encontra esse lugar é transformada de dentro pra fora. Uma mulher rendida, sem máscaras, despida de suas vontades e achismos; é impossível ela não gerar filhos espirituais para Deus. Existem tesouros escondidos nesse lugar secreto. É o lugar que temos para desenvolvermos a intimidade com Deus. É também o nosso lugar seguro, no qual podemos descansar e sermos nós mesmos. Diante do Pai podemos mostrar o nosso pior lado, pois nesse lugar há cura.

Eu aprendi sobre essa chave tão poderosa de uma maneira bem difícil; havia um chamado do Espírito Santo todos os dias para esse lugar, mas eu tinha prioridades maiores. Casada há doze anos, recém-formada, com vários projetos e sonhos, e um deles — na verdade, o maior da minha vida — era ser mãe, e de um menino chamado Nícollas. Desde os meus 13 anos o nome do meu filho já estava definido. Eu e meu esposo Elias já havíamos tentado de tudo para eu conseguir engravidar e não tínhamos respostas. Era dolorido e desgastante.

Certa vez, comecei a passar muito mal em meu trabalho da época. Eu não conseguia mais fazer as atividades como antes, meu corpo foi pesando, até que por várias tentativas, em vários médicos, fomos indicados a irmos para uma clínica de fertilização. O médico precisava me avaliar para eu ser liberada para os próximos procedimentos; lembro-me de que, quando me deitei na maca, o doutor começou a avaliação e me disse: "Você tem endometriose profunda", e foi me mostrando por vídeo e falando: "Está vendo todos esses pontinhos vermelhos? Tudo é endometriose, e ela está se espalhando". Eram dores terríveis e ele me disse que eu tinha duas alternativas: tentar um tratamento para o meu corpo conseguir reagir, para amenizar as dores, pois a doença não tem cura — mas sem possibilidade de gestação —, ou seguir com os procedimentos. Eu decidi junto com Elias não seguir com a fertilização.

O médico pediu exames específicos e nos indicou a um médico especialista, então esperamos o tempo e fomos aos exames; foi detectada endometriose profunda com adenomiose, também profunda. Comecei o tratamento tomando várias medicações; meu corpo foi alterado diversas vezes e nada de gerar. Eu sentia muitas dores e ficava quase todo o dia dopada.

Com o tratamento e a quantidade de remédios, meu corpo não aguentou; as medicações agrediram fortemente o meu estômago e meu esôfago, o suco gástrico começou a subir e queimou 70% das minhas cordas vocais, e eu comecei a perder a minha voz. Até que eu não tinha mais condições de tomar nenhum medicamento e os médicos decidiram me afastar de tudo. Eu precisava ficar em repouso e mal sabia eu do que Deus faria.

Sem forças para nada, eu precisava descansar. As dores eram terríveis; em um mês eu emagreci 14 kg, o meu alimento era chá de camomila. Os médicos não podiam fazer mais nada, eu precisava esperar o tempo passar e meu corpo começar a reagir. Com tantos diagnósticos terríveis, fui orientada de que precisava descansar a voz, e me pediram para ficar calada durante os nove meses do tratamento. Pensei: "Meu Deus, eu louvo desde pequena e agora eu nem tenho voz para falar". A guerra dentro da mente estava travada. Eu queria falar e não podia, eu queria louvar e não podia, eu sentia gosto de sangue todo o tempo. Se eu forçasse o mínimo que fosse, as cordas vocais começavam a sangrar e era terrível.

Eu me lembro de que, em uma de nossas manhãs com Deus, em casa, eu sentia tanta vontade de louvar o hino "Quão grande é o meu Deus", mas eu não podia louvar. Eu me lembro que anotei o louvor em um papel e comecei a levantá-lo para o Céu enquanto caminhava em minha casa. Meu marido começou a caminhar atrás de mim, começou a louvar por mim e dizia: "Estamos Te adorando, Senhor, com tudo que temos".

Conheci o Secreto, comecei a orar de início por cura, mas o Senhor foi me levando a orações específicas de entrega. Senti muita vontade de conhecer um pouco mais das Escrituras, que eu nunca achava tempo e vontade de ler, e comecei a perceber que eu não estava mais tão desesperada, mas estava sem voz e sem forças.

Fui chamada por uma amiga a visitar a igreja em que ela congregava e lá eu só chorava. O Senhor falou com a pastora local, que hoje é minha grande amiga, para que ela me chamasse na frente da igreja a fim de louvar. As minhas amigas disseram a ela que eu não poderia ir, pois eu estava enfrentando um terrível momento nas cordas vocais, mas ela disse: "Chame-a, o Senhor está chamando ela para louvar". Eu peguei o microfone e me esforçando muito comecei a falar algumas coisas, e quando terminei de falar, a pastora disse: "Filha, louve". Eu pedi para colocar um louvor e o hino começou a tocar e eu não conseguia louvar; eu sei que a glória invadiu aquela igreja e eu só queria desaparecer e, naquele momento, o Senhor, através da vida do pastor da igreja, falou comigo que eu estava passando por um grande teste e eu tinha sido aprovada, e ele disse: "O Senhor leva você a um nível mais profundo e Ele abrirá as portas para você louvar e falar dEle nesse tempo". Aquela igreja marcou a minha vida eu saí daquele lugar outra pessoa. A partir daí, começaram a vir muitos convites para ministrar e louvar, e eu não tinha noção de como as pessoas iriam me ouvir, até que comecei a levar comigo a amiga que me levou à igreja dela; ela louvava e ia a quase todas as agendas para me ajudar e o Senhor visitava as igrejas com graça. O Senhor estava tratando o meu orgulho e eu o ouvia falar: "Letícia, nunca foi sua voz, nunca foi você, sempre foi a Minha presença".

Senti em uma tarde uma profunda vontade de fazer uma oração que mudaria a minha vida. Deus mandou eu entregar o Nícollas para Ele, meu filho que nunca tinha vindo aos meus braços, meu maior sonho; o Senhor estava me pedindo. Fiz a oração entregando e também entreguei a minha voz e com muita autoridade eu entreguei todos os meus sonhos. Eu me joguei no chão do meu quarto e chorei muito, senti o luto me abraçar.

Meu esposo, família e amigos ficaram preocupados; amigos intercessores por todos os cantos que guerrearam por mim e comigo diversas vezes. Minha mãe Neuza entrava em propósito atrás de propósito. Eu estava sendo prensada como uma azeitona, me disse uma amiga. Cresci em uma família que amava Jesus, todos na minha casa serviam ao Senhor: meu irmão era músico e ministro da Palavra, minha mãe era professora de Escola Dominical, amava a Palavra. Eu cresci nesse ambiente de louvor e Palavra, mas eu era limitada, não tinha Ele como prioridade e achava que Ele era o primeiro.

Eu me casei com um homem de Deus que ama a Palavra, mas eu era distante. Aliás, para mim, ir à igreja era o suficiente, mas eu sabia no meu íntimo que Ele estava me convocando e que quando Ele me puxasse iria doer, porque eu teria que sacrificar tudo que eu amava. Como eu era tola e amarga, estava me comportando como uma religiosa, mas Deus em todos os momentos me cobria com o seu amor no momento da dor.

Eu ouvi uma voz: "Me dê filhos espirituais que lhe darei filhos físicos", então meu coração começou a arder pelo **Ide**. Comecei a ensinar pessoas a lerem a Palavra e três meses depois descobri que estava grávida do nosso milagre Nícollas. Minha voz começou lentamente a voltar, voltei ao médico e ele me disse: "Letícia, o que você anda aprontando com essa voz?". Eu me assustei e perguntei: "Por que, doutor?", e ele me disse: "Continue, porque está gerando cura a você".

O Senhor não fez a minha voz voltar como era, ele mudou a configuração total dela. Hoje tenho a voz que Ele formou para ser agora, o Secreto curou as minhas feridas e me fez confiar nEle. Nícollas nasceu e eu já estava sendo levada por Deus a abrir o projeto em que mulheres seriam curadas. Fisicamente, carrego marcas por ter negligenciado quando Ele me chamou, mas a minha alma e dores internas foram curadas. Ele me libertou das minhas próprias prisões.

Em uma manhã, sozinha em casa, o Senhor me chamou em meu quarto e me fez uma pergunta: "Letícia, você se posiciona?". Eu, sem entender, disse a Ele que sim e ele me respondeu: "Estou lhe entregando um projeto, você vai ensinar pessoas a lerem a Bíblia em três meses", e eu logo atendi, comecei e o projeto se estendeu; muitas vidas foram transformadas. Quando pensei que era apenas isso, o Senhor me convocou a anotar o próximo projeto, e esse era completamente diferente. Era um projeto só com mulheres e na garagem da minha casa; Ele me falou detalhe por detalhe como queria, e assim eu abrir o projeto Na Casa da Lê. Começamos apenas com vinte mulheres na garagem da minha casa; na terceira edição já não cabia mais, e o Senhor me chamou para fora. Hoje somos mais de trezentas mulheres reunidas; fazemos os encontros duas vezes ao ano em um salão de festas, como princesas, é uma imersão. Dentro do projeto temos a Escola na Casa da Lê, em que, pelo WhatsApp, ensinamos diariamente mulheres a acharem em Deus sua identidade.

Antes de ter, eu precisei oferecer, eu entreguei o meu Isaac, e você? Qual é o sonho de que você não abre mão? Percebi que em tudo eu dizia não pra Deus e seu chamado. Eu amava estar em sua casa, mas não tinha relacionamento com Ele no meu dia a dia. Eu era completamente infértil no mundo espiritual, achava que os dons e talentos eram o suficiente. Mas Ele me encontrou, e de seca e estéril me tornei fonte e frutífera. Eu encontrei o meu tesouro. Hoje, lidero mulheres no Brasil e o foco é identidade e constância em Deus.

Tenho mulheres curadas e transformadas ao meu lado de quem eu me orgulho. Na casa da Lê temos um time de diretoria todo da minha família; minha cunhada, meu braço direito, é assessora desse projeto. Tenho um time lindo de intercessão com líderes maravilhosas que fazem um trabalho impecável. O Senhor mudou a minha sorte e o que antes era luto e infertilidade, hoje é vida e frutificação. **Está comigo, vai crescer**, essa é a nossa frase diária. O tempo chegou e é agora. Mulheres que aprenderam o que é o Secreto e estão em suas melhores fases. Depois da cura vem a autoridade.

BIBLIOGRAFIA

BÍBLIA SAGRADA. Almeida Revista e Corrigida (ARC). Barueri: Sociedade Bíblica do Brasil, 2018.

"Depois da cura vem
a autoridade."

Letícia Araújo

Pra. Letícia Charone

Eu sou Letícia Charone, natural de Belém/PA, local em que resido com minha amada família: meu esposo Alexandre Charone, com quem sou casada há quinze anos, e meus filhos Aléxis e Isabela. Sou filha amada de Deus e de Aléxis e Lilian do Carmo.

Sou pastora auxiliar da Catedral da Família Foursquare — The Foursquare. Coautora dos livros *Mulheres com um chamado: histórias para edificar sua vida* e *Do processo ao propósito*.

Atendi ao chamado de Deus para cuidar de mulheres e, juntamente com meu esposo, de casais. Experimentei o poder de restauração e cura liberado pela Palavra de Deus, o que me impulsionou a dividir a minha experiência com outras mulheres, para que muitas famílias sejam restauradas.

leticiacharone

+55 (91) 98215-3384

leticiacharone@me.com

MULHERES COM UM CHAMADO

VOLUME 3

O FIM
DO CONTA-GOTAS

18

Pra. Letícia Charone

Qual seria sua reação se eu afirmasse que Deus tem um novo tempo para sua vida? A maioria das pessoas reage O glorificando. Porém, ao idealizarem o lugar para onde Ele deseja conduzi-las, frequentemente enxergam um destino distante da realidade atual. Esse confronto entre o que idealizam e o que enfrentam pode fazê-las hesitar, pois o homem natural em nós tende a negociar com as dificuldades, vendo os obstáculos como impeditivos. Assim, gradualmente, a paralisia se instala, impedindo-as de avançar, enquanto a dúvida e o medo tentam convencê-las de que é mais fácil desistir.

Por isso, muitas pessoas se conformam com a vida que levam, contentando-se com pequenas porções da presença de Deus, embora tenham sido criadas para transbordar. Imagine um conta-gotas: o fluxo de seu conteúdo é restrito, liberando pequenas gotas de forma controlada. Igualmente, tais pessoas desfrutam da atmosfera do culto e das mensagens inspiradoras, testemunhando o poder da oração; porém, ao voltarem à rotina, nutrem a vida antiga em detrimento de um relacionamento contínuo com o Senhor. Mas, como velhos caminhos não levam a novos destinos, o fogo que deveria crescer se apaga, substituído pela comodidade de viver apenas de momentos.

O cenário atual pode não ser o que desejam, mas grandes mudanças exigem grandes renúncias, e, quando se deparam com os desafios, a vontade de desistir surge, pois a coragem para mudar e renunciar é gerada pela intenção dos nossos corações. Se o anseio por viver a plenitude de Deus for genuíno, nos lançaremos sem reservas. Mas, se agirmos apenas em reação às dificuldades, sempre encontraremos um motivo para parar.

Eu mesma vivi dessa forma por um tempo, sem notar que condicionava minha busca por Deus às circunstâncias. Se tudo ia bem, eu O buscava intensamente, mas, se a rotina apertasse, os desafios no casamento aumentassem, a maternidade exigisse mais ou minha saúde fosse abalada, meu relacionamento com Deus era a primeira área a perder força.

Percebo que, dentre todos os desafios, a saúde foi o que mais permiti que me fizesse oscilar. Há doze anos, tive o meu primeiro episódio de urticária crônica; sem saber o que era, enfrentei momentos delicados com minha saúde. Foram quase seis meses e seis médicos diferentes até o diagnóstico. Desde então, minha saúde oscila entre períodos de estabilidade e batalha.

Além das dores e coceiras, sentia vergonha da exposição, pois me via constantemente deformada. Isso era suficiente para eu dizer "não" a compromissos ministeriais e para interferir na frequência do meu relacionamento com Deus. O problema é que essa busca intermitente nos torna vulneráveis e jamais será suficiente para saciar a sede que existe em nosso interior.

Há anos clamo para que o Senhor toque no meu corpo; ainda assim, aprendi algo valiosíssimo: a constância em meio às circunstâncias. Deus poderia ter me curado de imediato? Absolutamente! Mas foram justamente as adversidades que me levaram a experimentar águas mais profundas e a pôr fim ao meu próprio conta-gotas, conduzindo-me a um lugar onde nada mais pode me impedir de adorar, glorificar, buscar e servir a Deus.

Você já se questionou se está realmente disposta a renunciar o necessário para ter uma vida abundante em Deus? Como você tem se relacionado com Ele? A forma como reagimos à voz do Senhor define a qualidade e a profundidade do nosso relacionamento com Ele, pois a reação precede a revelação.

Observe a trajetória de duas pessoas que tiveram um encontro transformador com Jesus. Nas duas ocasiões, foi Ele quem iniciou o diálogo, demonstrando conhecer perfeitamente a necessidade de cada uma. Contudo, a forma como responderam a esse primeiro encontro foi determinante para o rumo de suas vidas.

A primeira delas é o paralítico do tanque de Betesda. Ele estava enfermo e sofria com sua condição há 38 anos. Vivia à beira daquele tanque, cercado por histórias de cura, porém sua vida permaneceu inalterada. O cenário ao seu redor apontava para a possibilidade de um recomeço, mas seu coração parecia tão paralisado quanto seu corpo. Quando Jesus se aproxima e lhe faz a pergunta mais simples e, ao mesmo tempo, mais profunda — "Queres ser curado?" — sua resposta não expressa fé ou expectativa. Em vez de um "sim" cheio de esperança, ele se prende à sua realidade de sofrimento e limitações: "Senhor, não tenho ninguém que me ponha no tanque, quando a água é agitada". Suas palavras revelam mais do que sua enfermidade física; demonstram uma mentalidade presa à dependência de terceiros, à espera de uma solução externa, sem perceber que a verdadeira cura estava diante dele.

Ainda assim, Jesus, em Sua graça, não espera fé perfeita e ordena: "Levanta-te, toma o teu leito e anda". Imediatamente, aquele homem é curado, mas, em vez de buscar conhecer quem mudara sua vida, segue seu caminho e, ainda que a Palavra afirme que Jesus desapareceu no meio da multidão, ele poderia ter procurado saber com qualquer pessoa quem o havia curado. O encontro, que poderia ter sido decisivo, parece ter ficado inacabado.

No entanto, o Senhor é mestre em nos dar novas oportunidades e, mais tarde, o encontra novamente e lhe diz: "Olha que já estás curado; não peques mais, para que não te suceda coisa pior". Esse era o momento ideal para o paralítico reconhecer a grandeza do que recebeu e glorificar Aquele que o curou. Contudo, sua reação revela sua verdadeira disposição ao informar aos judeus Quem o havia curado, contribuindo para a perseguição de Jesus, pois realizara a cura em um sábado.

Já a segunda pessoa é a mulher samaritana. Diferente do paralítico, não estava em um ambiente de cura, mas carregava um histórico de rejeição e vergonha. Sua ida ao poço ao meio-dia, horário incomum para buscar água, sugere que evitava o contato com outras mulheres da cidade. Ali, Jesus a encontra e inicia um diálogo que rompe barreiras culturais, religiosas e sociais. Ao pedir água, Ele a surpreende, pois judeus não falavam com samaritanos, muito menos com mulheres em sua condição. Mas, ao contrário do paralítico, que hesitou diante da graça, ela se envolve na conversa. Sua curiosidade e sede de algo maior a fazem avançar, questionar e se abrir ao que Jesus tinha a revelar.

O ponto central ocorre quando Jesus expõe sua realidade: "Porque cinco maridos já tiveste, e esse que agora tens não é teu marido". A verdade poderia envergonhá-la ou fazê-la recuar, mas, em vez disso, sua sede a impulsiona. Ela não foge nem se justifica; pelo contrário, reconhece que está diante de algo muito maior do que julgava. Então, algo extraordinário acontece: Jesus se revela como o Messias. "Eu o sou, Eu que falo contigo."

E aqui está a grande diferença entre os dois encontros: enquanto o paralítico recebeu um milagre físico e permaneceu inerte espiritualmente, a mulher samaritana bebeu da água viva e se tornou uma fonte. Sua reação foi imediata e sem reservas — corre até a cidade, anuncia a todos e leva muitos a Cristo.

A diferença entre os dois? Um teve sua vida transformada fisicamente, mas não espiritualmente. A outra experimentou a plenitude da revelação de Cristo e se tornou um canal de transformação para outros. Enquanto um permaneceu vazio, a outra transbordou.

Ele se revelou! Por quê? Porque ela tinha sede, não interrompeu o diálogo e queria genuinamente conhecer aquele que estava diante dela. É isso que Ele quer de nós; porém, muitas vezes, o Senhor inicia um diálogo, mas, por algum motivo, o interrompemos. O celular toca, a mente se distrai ou simplesmente deixamos o momento passar, e a conversa não evolui. Precisamos entender que Jesus só se revela por meio do relacionamento. Ou escolhemos nos relacionar com Ele, ou continuaremos nos contentando com pequenas porções de Sua presença ou bênçãos, sem conhecer verdadeiramente o Abençoador. Deus não nos criou para viver de bênçãos contadas; Ele nos chamou para uma vida plena, abundante e transbordante, mas isso depende da nossa escolha.

Qual é sua intenção? Receber um milagre ou ter um relacionamento com o Senhor? Nossa reação à revelação de Jesus esclarece se estamos dispostos a viver Seu propósito; afinal, a promessa exige uma ação. Como Jesus afirmou em João 4:13-14: "Quem beber desta água tornará a ter sede; aquele, porém, que beber da água que eu lhe der nunca mais terá sede; pelo contrário, a água que eu lhe der será nele uma fonte a jorrar para a vida eterna".

Ou seja, a escolha é nossa: beber dessa água ou apenas molhar os lábios.

Duas lembranças marcaram minha vida e a do meu esposo. Minha avó, antes de falecer, sofria de problemas renais e fazia hemodiálise. Ela me dizia que sentia uma sede intensa, mas só podia beber um copo de água por dia. Quando partiu, ainda estava com sede. Semelhantemente, meu esposo relatou que, ao visitar seu pai na UTI, ficava profun-damente tocado ao vê-lo com os lábios ressecados, podendo apenas umedecê-los.

Se nós, como seres humanos, sentimos dor ao ver alguém sedento, imagine o coração do Senhor ao nos ver espiritualmente sedentos. Ele deseja saciar a nossa sede, quer que O conheçamos como a fonte de água viva. Mas insistimos em seguir nossos próprios caminhos, relutando em abrir mão de certas coisas. Mal sabemos que, ao bebermos dessa água, não apenas somos saciados, mas transbordamos sobre outros. Afinal, onde há uma fonte, há movimento, renovação e transformação.

Qual o tamanho da sua sede?

Quando decidi não mais ter sede, tudo perdeu a importância diante do prazer de estar na presença de Deus. Já ministrei manca, coberta de urticária e debilitada, mas aprendi que nada pode me parar e, se em algum dia eu não puder ir, ainda assim — e principalmente — permanecerei buscando e adorando.

Tenho desfrutado do melhor de Deus e sei que valeu a pena romper com cada limite e renunciar tudo o que fosse necessário para viver Seu propósito, pois somente uma entrega sem reservas nos conduz à plenitude daquilo que Ele preparou para nós.

Está cansada? Levante-se. Sem esperança? Adore-O e glorifique-O. Renuncie o que for necessário para viver o novo de Deus e lembre-se: somente o fim do conta-gotas nos conduz a uma grande colheita.

BIBLIOGRAFIA

BÍBLIA SAGRADA. Almeida Revista e Atualizada (ARA). Barueri: Sociedade Bíblica do Brasil, 2018.

“Velhos caminhos não
levam a
novos destinos.”

Pra. Letícia Charone

Lisandra Feusi

Sou uma mulher chamada por Deus desde a infância, com um ministério de mais de 44 anos. Minha jornada foi marcada por desafios, superações e um compromisso inabalável com o Reino.

Hoje, minha missão como pastora é ativar outras mulheres para que encontrem seu propósito e sejam livres de traumas emocionais.

Sigo auxiliando igrejas e ministérios, fortalecendo comunidades e aconselhando mulheres que enfrentam dificuldades emocionais e espirituais na Europa e no Brasil.

Fale comigo!

pra_lisandrafeusi

+41 76 573 04 61

psi.lisandrafeusi@hotmail.com

PRESERVADA POR DEUS

19

Lisandra Feusi

Posso dizer que eu nasci com um dom e um talento para levar a palavra de Deus. Aos 4 anos, já cuidava, da minha maneira, de uma congregação, iniciando meu relacionamento com o Criador. Vivia com uma família evangélica muito humilde, ajudava minha mãe adotiva na zeladoria, limpando o chão e os bancos da igreja. Sendo uma criança negra em uma família branca, enfrentei rejeição por parte de uma irmã adotiva, mas encontrei refúgio na casa de Deus.

Aos 12 anos, deixei o interior da Bahia e me mudei para São Paulo, onde reencontrei minha família biológica. No entanto, o que esperava ser um recomeço feliz tornou-se um período de grande rejeição. Minha mãe biológica, que na época não era evangélica, me amaldiçoou. Sempre usava palavras de maldição sobre mim e minha vida, dizia que eu não seria ninguém, que me tornaria uma prostituta, perdida na vida. Naquele período de adolescência, eu tinha tudo para seguir pelo caminho errado, para ser dominada pelos traumas. Mesmo assim, Deus me preservou. Anos depois, Deus transformou a vida da minha mãe biológica, que se converteu, tornou-se pastora, e, por meio do perdão, reconstruímos nossa relação. Ela viveu para servir a Deus até seu falecimento.

Minha jornada no evangelismo começou nas piores ruas, nos locais mais difíceis de São Paulo, como a Avenida São João e a Avenida Ipiranga. Foi ali que meu chamado começou a se manifestar. Ali, descobri que Deus tinha um propósito maior para minha vida. Foi nessa época, ainda com 12 anos, que participei também de um evangelismo em Aparecida do Norte, no dia 12 de outubro de 1981, justamente no Dia das Crianças, conhecido também como dia da padroeira católica. Enquanto evangelizava nas ruas, tive um encontro transformador com Deus. Ele me mostrou Sua grandiosidade, misericórdia e cuidado, mesmo sem eu me sentir merecedora.

Consegui resgatar algumas almas, tirei da rua uma mulher em situação vulnerável e dei a ela assistência espiritual, física e apoio alimentar. Naquele momento, enquanto muitos estavam reunidos em tendas improvisadas nas ruas, Deus usou uma ministra da palavra para me dizer que me enviaria às nações. E assim, tudo começou.

Iniciei meu ministério pregando para jovens, evangelizando e levando a palavra para aqueles excluídos aos olhos da sociedade, como prostitutas, doentes e viciados. O tempo foi passando e, aos 20 anos, enfrentei uma grande decepção amorosa dentro da igreja. Meus parentes diziam que era apenas uma fase e que iria passar. Mas minha prima, que morava há muitos anos na Suíça, ligou perguntando por mim. Ao saber de minha tristeza, ela mencionou que conhecia um bom rapaz na Suíça e que gostaria de nos apresentar. Começamos a nos comunicar por telefone, utilizando tradutores. Após algum tempo, ele veio ao Brasil conhecer pessoalmente minha família. Quando nos encontramos, foi amor à primeira vista; resolvemos a documentação e nos casamos. Assim, eu me mudei para a Suíça.

Deus me honrou, levando-me para outro país, para lugares em que eu jamais imaginei pisar. Foi ali que Ele me tirou da vida medíocre que eu vivia e me colocou em um lugar de honra, concedendo-me dois filhos maravilhosos, a oportunidade de conhecer pessoas e lugares incríveis, e um companheiro que me amou e respeitou por anos.

Mesmo sendo a Suíça um país tão distante de Deus, é também um lugar para mulheres fortes — aquelas que decolam ou aquelas que se afundam. E hoje, ao olhar para trás, posso falar com autoridade, pois acompanhei muitas mulheres que passaram por esse dilema. Eu mesma, que fui casada com um ateu, passei por grandes desafios.

Viver na Suíça me apresentou a um mundo completamente diferente do que eu havia conhecido. Cercada pelo luxo, pela alta sociedade e pelas festas mais requintadas, eu experimentei um estilo de vida que muitos desejam, mas poucos conhecem de verdade. Eu mesma, por um tempo, me deixei levar. Acreditava que aquilo era um sinal de sucesso, que finalmente eu estava vivendo o que não tive na infância e adolescência. Mas, com o tempo, percebi que havia me distanciado da minha essência, do meu propósito e, principalmente, de Deus. Aos poucos, percebi que nada disso preenchia meu coração.

Quando percebi que a riqueza e o luxo não preenchiam o meu espírito, comecei a me questionar: "Quem eu era antes de tudo isso?", "O que Deus havia me chamado para fazer?" e, principalmente, "Para onde eu queria ir?". Foi então que voltei ao diálogo com Deus. Comecei a buscar respostas na oração, no silêncio, na renúncia de tudo aquilo que não era para mim. E, pouco a pouco, fui reconstruindo minha identidade, não baseada no que eu tinha, mas no que Deus via em mim.

O chamado de Deus nunca havia me abandonado; eu é que tinha tentado me afastar dele. Mas, assim como o filho pródigo, voltei para os braços do Pai e encontrei o verdadeiro propósito: ativar vidas, restaurar mulheres, resgatar sonhos e curar feridas que ninguém via, mas que Deus conhecia profundamente.

Com o tempo, entendi que poderia ter qualidade de vida sem abrir mão da minha fé. Voltei para o ministério, ajudando igrejas e reconstruindo comunidades. Separei-me do meu marido, pois nossas visões não se alinhavam mais.

Fui responsável pela primeira Assembleia de Deus em Zurique, depois abri minha própria igreja, mas meu chamado me pedia para ir para outros lugares. Segui com meu ministério para a fronteira da Itália, para resgatar mulheres da prostituição e das drogas. Cuidava delas não apenas espiritualmente, mas também fisicamente, oferecendo um lar, alimentação e apoio emocional. Percebi que muitos dos bloqueios que impedem as pessoas de avançar espiritualmente não vêm de fora, mas de dentro. São traumas ligados à religiosidade, ensinamentos distorcidos que fazem com que a fé seja vista como peso, obrigação ou medo.

Quantas pessoas estão dentro das igrejas, servindo, mas se sentem aprisionadas? Quantas vivem angustiadas porque aprenderam a temer a Deus, mas não a conhecê-lo de verdade? Deus não nos chamou para uma religião, mas para um relacionamento. Fé não é frequentar um templo, mas viver a essência do amor de Cristo. O Reino de Deus está nas ruas, no auxílio ao próximo, na transformação de vidas. A maior libertação não acontece no altar, mas no íntimo de cada coração que decide se desprender das correntes de um passado que já não define mais quem somos.

Depois de um tempo, voltei ao Brasil para estudar Teologia e me aperfeiçoar. Trabalhei na Assembleia de Deus de Florianópolis, onde realizei um ministério de cura e libertação. Foi nesse período que percebi que meu ministério estava verdadeiramente ativado. Muitas mulheres descobriram seus chamados através do meu testemunho.

Hoje, minha missão é ajudar igrejas e pessoas. Minha visão é que já existem muitos templos, mas poucos obreiros dispostos a ajudar aqueles que já existem. Também estudo Psicanálise, pois acredito que muitas mulheres precisam de cura emocional para que possam crescer espiritualmente.

Uma das maiores realizações do meu ministério é ver a ativação de mulheres. Mulheres que chegam quebradas, feridas, desacreditadas. Mulheres que não conseguem enxergar o seu valor, que vivem presas a padrões que nunca foram de Deus. Esse é meu chamado: ativar, restaurar e liberar essas mulheres para viverem seus chamados, sem medo, sem culpa, sem amarras.

Muitos me perguntam como consegui permanecer de pé por tantos anos em um país majoritariamente ateu como a Suíça. Minha resposta é simples: Deus me preservou para esse tempo. **Minha força vem dele. Meu equilíbrio também.** Ele me sustenta e me capacita.

Hoje, vivo por uma frase que resume minha história: **uma palavra tem poder de mudar destinos**. Baseio-me na história de Moisés, que foi colocado em um cesto e atravessou o rio Nilo; muitas coisas poderiam ter acontecido com ele, mas Deus o preservou. Assim como Moisés, também passei por tempestades, mas nunca naufraguei. Eu também fui protegida, Deus me preservou.

Moisés tentou resistir ao seu chamado. Ele se sentia incapaz, inadequado. Mas Deus não escolhe os capacitados — Ele capacita os escolhidos. Da mesma forma, eu também me senti muitas vezes sem forças, duvidando se realmente poderia fazer a diferença. Mas Deus me levantou.

Ele me chamou para libertar mulheres, para ativá-las, para ajudá-las a enxergar que são muito mais do que os rótulos que o mundo coloca sobre elas. Deus me tirou do anonimato e da dor para que eu pudesse ser um instrumento de transformação. Dessa forma, eu também vejo e sinto minha missão: plantar sementes, ativar vidas, ensinar mulheres a encontrarem sua identidade e propósito, sabendo que a verdadeira recompensa vem do Senhor.

Deus sempre me preservou e trouxe de volta ao meu chamado. Hoje, minha história é contada para inspirar, transformar e curar a mim mesma, ao próximo e às nações, enquanto Deus quiser e permitir. Muitos não valorizam minha trajetória porque não conhecem minha verdadeira história. Acham que sou uma pastora que "caiu aqui de paraquedas", mas tenho um histórico. Antes de tudo, cuidei da Casa de Deus. Antes de ser honrada, eu servi no oculto. Pois a Palavra de Deus diz que se formos fieis no pouco, no muito Ele nos colocará. Eu vivo essa verdade. Não vim de berço de ouro ou de uma família rica, mas Deus me sustentou e me deu tudo o que eu precisava.

Posso afirmar que eu **fui preservada**, **amada** e **cuidada por Deus.** Você pode pensar que eu tenho vergonha de contar minha história; muito pelo contrário, o que tenho é honra. Honra em mostrar para todos o que Deus faz na vida de uma pessoa que se doa a todo tempo para Ele.

"Assim, a palavra dita com fé não apenas toca o presente, mas também molda o futuro, cumprindo os propósitos divinos em nossas vidas."

Lisandra Feusi

Luzia Sales

Eu me chamo Luzia Sales, sou pastora, psicanalista, terapeuta e coautora do livro *Mulheres com um chamado – volume 1*. Minha trajetória é marcada por desafios, superações e fé, levando-me a compreender identidade, propósito e cura interior.

Desde jovem, aprendi sobre resiliência e transformação ao enfrentar limitações e a importância de viver segundo o propósito de Deus. Hoje, dedico-me a ajudar mulheres na restauração emocional, na libertação de crenças limitantes e na construção de uma vida significativa.

Como mãe e mentora, creio que cada mulher tem um chamado especial e que, pela fé e autoconhecimento, pode viver a plenitude dos sonhos que Deus sonhou para cada uma. O meu compromisso é compartilhar essa verdade.

luziasalles_palestrante

+55 (21) 97062-8160

luziaaraujo03@gmail.com

MULHERES COM UM CHAMADO

VOLUME 3

A MENINA QUE QUERIA SER

20

Luzia Sales

Desde criança, minha mãe sempre dizia uma frase que ecoava dentro de mim: "A menina que queria ser". Mas ser o quê? Essa pergunta me acompanhou por toda a vida.

Cresci em um lar simples, sem muitos recursos, sem a presença de um pai, mas cercada por mulheres fortes que precisavam trabalhar duro desde pequenas para sustentar a casa. Minha mãe trabalhava incansavelmente, meus irmãos também, e eu, mesmo sendo apenas uma menina, já carregava dentro de mim uma inquietação. Eu queria ser algo mais. Não me conformava com a escassez, com as limitações. Desde pequena, sonhava em construir uma vida diferente. Queria ser uma boa mãe, uma boa esposa, uma boa profissional, uma mulher que faria a diferença. Mas como?

O ambiente ao meu redor não favorecia grandes sonhos. Não havia incentivos, modelos ou referências que me ajudassem a enxergar além das dificuldades. Mas dentro de mim algo queimava. Era um chamado, mesmo que naquela época eu ainda não soubesse nomeá-lo.

A Palavra de Deus diz: "Antes mesmo de você estar no ventre da tua mãe, eu já te conhecia" (Jr 1:5). Hoje, entendo que Deus já tinha um plano para minha vida, assim como tem para cada uma de nós. Ele já havia escrito minha história, mesmo quando eu ainda buscava entender meu propósito. Mas crescer sem uma referência cristã e sem acesso às informações que hoje temos tornou esse processo mais desafiador. Há 47 anos, não existiam tantos livros, redes sociais ou mulheres de Deus compartilhando conhecimento e experiências como temos hoje. O caminho era mais solitário.

Comecei a trabalhar aos 13 anos, porque precisava. A vida me ensinou cedo sobre responsabilidade, sobre luta, sobre o peso de querer ser sem saber exatamente como. E nessa jornada, fui me tornando: filha, irmã, tia, esposa, mãe, cabeleireira, terapeuta, psicanalista e pastora. Sou todas essas em uma só. Mas, acima de tudo, sou uma mulher que nunca desistiu de descobrir quem realmente era.

Lembro-me de que, naquela época, eu não compreendia exatamente por que sentia essa inquietação dentro de mim, esse desejo de ir além, de romper barreiras invisíveis que pareciam me limitar. Mas algo dentro de mim gritava que havia mais. Eu não queria apenas existir; eu queria viver com significado. Enquanto minha mãe via esse desejo como um desapego, uma espécie de desenraizamento, para mim era uma necessidade latente de descobrir quem eu era e qual era o meu lugar no mundo. Eu queria ser alguém que fizesse a diferença, alguém que trouxesse orgulho para minha família, mesmo que, no começo, eles não entendessem meu anseio.

Com o tempo, percebi que Deus já havia escrito minha história antes mesmo que eu pudesse entendê-la. Cada passo, cada escolha, cada renúncia fazia parte de um processo maior de lapidação. Foi então que compreendi que minha identidade não estava no que o mundo dizia sobre mim, mas no que Deus já havia decretado. Como está escrito em Provérbios 16:9: “O coração do homem planeja o seu caminho, mas o Senhor lhe dirige os passos”. Eu planejava, sonhava, buscava ser algo, mas foi Deus quem dirigiu minha caminhada, mesmo quando eu não percebia.

A menina que queria ser algo encontrou, em Cristo, sua verdadeira identidade. Ele me ensinou que não era sobre simplesmente querer ser, mas sobre entender que eu já era — desde sempre, desde o ventre da minha mãe. Minha trajetória não foi sobre me tornar alguém para provar algo aos outros, mas sobre reconhecer e manifestar o propósito que Deus já havia depositado em mim. E hoje, ao olhar para trás, percebo que aquela menina desgarrada, na verdade, estava apenas buscando seu caminho rumo ao chamado que já estava escrito para ela.

Ao longo dos anos, aprendi que nada é tão nosso quanto o nosso chamado. Não importa de onde viemos, quais dificuldades enfrentamos ou quantas vezes nos perguntamos se somos capazes. Se Deus colocou um propósito em nós, Ele nos capacita a viver esse propósito.

Hoje, quero convidar você, mulher, a mergulhar dentro de si. O que você queria ser quando era menina? O que queimava no seu coração, mesmo que o ambiente ao seu redor não favorecesse? O que foi deixado para trás ao longo da vida?

Talvez, como eu, você tenha levado tempo para entender que Deus já havia preparado um caminho para você. Mas a boa notícia é que nunca é tarde para se reencontrar. Nunca é tarde para descobrir que você nasceu para algo maior.

A Bíblia nos diz: "É como árvore plantada junto a ribeiros: dá fruto no tempo certo e suas folhas não murcham. Tudo o que ele faz prospera" (Sl 1:3).

O tempo certo de frutificar chega para todas nós. O meu chegou, e o seu também chegará.

O tempo certo de frutificar chega para todas nós. Nunca é tarde para ser quem Deus te chamou para ser. Então, mulher, vamos nos posicionar.

Talvez você se sinta como aquela árvore da narrativa de Jó — cortada, sem vida, sem esperança. Seus galhos parecem ter sido lançados fora, suas folhas murcharam, seus frutos secaram. Mas eu quero lembrá-la de uma verdade: ao cheiro das águas, você voltará a brotar. Novos ramos surgem, novas raízes se fortalecem, novas folhas renascem, e frutos inesperados começam a nascer.

Nunca é tarde para que Deus a posicione no seu chamado. Mas, para isso, você precisa se conhecer, saber quem você é e de onde veio. Precisamos olhar para dentro de nós mesmas, porque, muitas vezes, nos perdemos na caminhada. Crescemos cercadas por expectativas e rótulos que nos são colocados, e, sem perceber, passamos a ser o que os outros esperam de nós — e não quem Deus nos criou para ser.

A pergunta que fica é: a mulher que você se tornou hoje está conectada com a menina que um dia sonhou ser? Ou, ao longo da vida, você se afastou da sua essência?

Eu quero convidá-la a um reencontro. Volte ao início, olhe para dentro, ouça a voz que sempre ecoou no seu coração. O chamado é seu. Ele não se perde, ele apenas aguarda o momento certo para despertar.

Então, mulher, busque a sua verdadeira identidade como filha de Deus. Somente assim você poderá viver sua missão, cumprir seu propósito e caminhar na plenitude do que foi criada para ser.

Carl Jung (1991) disse: "Conheça todas as técnicas, todas as teorias, mas ao tocar uma alma, seja apenas uma alma".

Essa frase carrega uma verdade profunda. Muitas de nós estamos vivendo com a alma fragmentada, carregando traumas, dores, medos e doenças psicoemocionais que aprisionamos dentro de nós, como se tivéssemos colocado tudo dentro de uma caixa trancada. Mas o problema é que, enquanto essa caixa permanece fechada, nossa alma continua presa, impedida de experimentar a verdadeira liberdade.

Como podemos tocar a alma de outra mulher e trazer cura, transformação e libertação, se nós mesmas ainda estamos presas?

Por isso, hoje, eu quero lhe deixar um convite: abra essa caixa. Permita que sua alma seja livre, curada e restaurada. Para que, ao tocar outras vidas, você leve cura e não apenas suas próprias dores.

Posicione-se no seu chamado. Fique firme na posição para a qual o Senhor a chamou. Sem medo, sem crenças limitantes, sem bloqueios. Seja forte e corajosa, porque o Senhor nos levantou como um exército de mulheres para esse tempo.

Você foi chamada, mulher.

Você foi escolhida para conquistar territórios, libertar cativas e trazer as boas-novas de Jesus Cristo.

Então, levante-se. É tempo de viver o seu chamado.

Curar-se é necessário!

Sabe, mulher, durante muito tempo eu achei que minha busca era por crescer, por conquistar algo, por encontrar meu chamado e propósito. Mas, no fundo, o que eu mais queria era ser filha. Ser amada, ser cuidada, ser protegida.

Em meu capítulo do Volume 1, eu compartilho um pouco sobre isso — sobre ter sido criada sem um pai presente. E, por muito tempo, essa ausência criou em mim uma necessidade de aprovação, de validação. Talvez, sem perceber, eu estivesse tentando preencher esse vazio com conquistas, com trabalho, com responsabilidades. Mas, na verdade, o que eu buscava era um pai que me amasse de verdade.

Eu também tive dificuldades de enxergar Deus como Pai. Era como se, mesmo sabendo quem Ele era, eu não conseguisse me sentir filha de fato. Mas, nessa jornada, fui entendendo que, antes de qualquer chamado, antes de qualquer propósito, eu precisava me permitir ser filha.

Hoje, sei que sou amada pelo meu bom Deus, que cuida de mim, que me corrige quando preciso, que me protege. Hoje, encontro também esse porto seguro no meu marido. Sou casada há vinte e dois anos com Raphael Lopes, e, depois da minha cura, aprendi a ser amada e protegida por ele também.

Quando fui curada e entendi qual era o verdadeiro vazio dentro de mim, tudo fez sentido. Percebi que não era sobre crescer, conquistar ou provar algo. Era simplesmente sobre ser filha.

E é isso que quero deixar para você: nossa jornada de vida, nossa busca para saber quem somos e para onde estamos indo, só faz sentido quando encontramos nossa identidade de filha em Deus.

Quando nos submetemos ao processo de cura, somos transformadas de dentro para fora. E só Deus pode curar um coração ferido.

A Palavra diz: "Porque, como imagina em sua alma, assim ele é" (Pv 23:7).

Se a sua alma está fragmentada, se você imagina coisas negativas sobre si mesma, é assim que você viverá. Eu vivi anos sem me conhecer, sem me valorizar, carregando baixa autoestima, acreditando que não tinha valor. Mas a verdade é que eu não sabia quem eu era.

Quando você passa a se conhecer, você descobre sua verdadeira identidade. Você entende quem é e sabe para onde está indo.

E é isso que desejo para você, mulher: que você se permita ser curada. Que você deixe Deus restaurar sua alma. E que você se veja como filha amada.

Então, não tenha medo do processo. Seja filha. Permita-se ser cuidada. E viva a plenitude do seu chamado.

BIBLIOGRAFIA

JUNG, C. Obras Completas. Volume VII. *Estudos sobre a psicologia analítica.* Petrópolis: Vozes, 1991.

BÍBLIA SAGRADA. Almeida Revista e Atualizada (ARA). Barueri: Sociedade Bíblica do Brasil, 2021.

BÍBLIA SAGRADA. Nova Versão Internacional (NVI). Rio de Janeiro: Thomas Nelson Brasil, 2021.

"O tempo certo de frutificar chega para todas nós. Nunca é tarde para ser quem Deus a chamou para ser."

Luzia Sales

Mácia Fernandes

Sou Mácia Fernandes, tenho 53 anos, casada. Vivi parte da minha vida em Recife/PE, mas estou morando no Ceará desde 2009. Sou líder, pastora de um ministério chamado Igreja de Deus Profetizando as Nações, em Fortaleza, com filial em Moçambique, na África.

maciafernandesoficial

+55 (85) 99901-6657

idpnacoes

CAMINHANDO NA FÉ

21

Mácia Fernandes

Sou a segunda de seis irmãos. Tivemos uma vida muito humilde, meu pai era motorista de uma hidrelétrica e minha mãe cuidava do lar; tudo era bastante complicado em minha infância. Quando criança, tivemos que enfrentar muitos desafios. Um dos maiores foi presenciar meu pai, que era uma figura autoritária e controladora, agredir minha mãe.

Iniciei minha vida profissional ainda muito jovem, com 12 anos. Trabalhava escrevendo atividades para amigas na escola e com isso conseguia juntar algum dinheiro. As perseguições por parte do meu pai continuavam; ele bebia bastante, gostava de farrear e eu era o alvo principal de seus ataques. Ele me diminuía e me colocava para baixo, pois eu era muito empolgada e descontraída.

Estudei e passei em um concurso público em Recife, o que me trouxe uma alegria imensa. Contudo, muitas dificuldades foram acrescentadas e meu pai continuava suas investidas contra a minha vida.

Certo tempo conheci uma pessoa, namorei, noivei e me casei com esse rapaz, contra a vontade do meu pai, pois o mesmo já havia observado que aquela pessoa não seria o homem que eu esperava que fosse, visto que no namoro houve traições, abusos morais e outras coisas mais, e como meu pai, bebia bastante, me traía, falava absurdos contra minha vida. Mas eu tive três filhas com ele e continuei o relacionamento, pois pensava: se era para sofrer sozinha, preferia fazer isso com o pai das minhas filhas.

O tempo foi passando e muitas coisas aconteceram, mas trabalhava e tomava conta das minhas filhas, havia finais de semana que estava tudo bem, e outros era um desastre. Planejei me separar dele várias vezes, mas não tinha apoio do meu pai nem da minha família — mãe e irmãos.

Vivendo tudo isso como funcionaria pública, convivi com muitos empresários e surgiu a vontade de ter uma empresa, e, então, iniciei a primeira, com um salário-mínimo. Nesse momento, mudado, meu pai me ajudou. Trabalhei em meio a tudo nesta empresa ligada à saúde pelo período de cinco anos. Pedi licença do funcionalismo público e fui ser empresária.

Não deu certo; tudo com muitos problemas emocionais, e isso influenciou bastante no desenvolvimento intelectual. Montei mais quatro negócios depois da queda do primeiro, mas sem sucesso, pois era necessário equilíbrio e empenho.

Em meio a tudo isso, buscando uma saída espiritual e alguma explicação para tanto sofrimento, conheci Jesus Cristo, o meu Salvador, e entreguei minha vida a Ele, tendo em mente que tudo seria menos complicado; muito pelo contrário, as lutas se intensificaram. A Bíblia diz que não estamos lutando contra pessoas, mas sim contra principados e potestades (Ef 6:12). Contudo, Deus começou a falar para mim que tinha algo grande com a minha vida, e por isso sofria tantas dificuldades, lutas, dores... tudo em virtude do **chamado**.

O chamado exige renúncia. Gênesis 12:1 conta que Deus mandou Abrão sair da terra da casa do pai, da sua terra, da sua parentela. O meu chamado deu início quando recebi uma profecia em que deveria arrumar minhas malas, pois iríamos para o outro lado; que lado? Não sabia para onde. Foi assim. Duvidei a princípio, mas como tudo que Deus fala se cumpre (Jr 1:12), três meses depois meu marido informou que iríamos morar em Fortaleza, pois tinha recebido uma promoção na empresa e teríamos que mudar para essa cidade.

Foi então, em Fortaleza, que o propósito começou a se cumprir. Eu fazia um curso de direito na universidade da cidade e nesse local conheci uma pessoa da igreja, muito fervorosa, e logo Deus começou a usar a sua vida para mim. Ela morava em uma comunidade e, em sonho, o Senhor me mostrou um local de oração onde ela residia. Abrimos um lugar para realizar os encontros de oração, ganhamos vidas, fortalecemos pessoas na fé, e muitos foram ressuscitados em Cristo; foi algo muito do Céu. Passei um período e saí. Deus falou comigo novamente e então me mostrou uma visão em que eu abria uma casa de oração, local em que juntamente com irmãos iríamos fazer orações.

O espaço foi aberto, éramos apenas cinco irmãos, em meio a muitas perseguições, porém críamos muito em Deus e que tudo tinha um propósito. Enquanto isso, meu esposo, cada vez mais distante, com várias amantes; foi uma pressão espiritual terrível, mas prossegui. O pai das minhas filhas não queria saber de ter sua vida transformada — na mente dele, eu estava errada e deixava minha família para estar na igreja; era totalmente contra minhas convicções, mas não sabia ele que eu lutava para manter a família de pé, unida, fortalecida, agora com Jesus.

O povo na igreja foi aumentando, o espaço da casa de oração foi ficando pequeno, até vir a necessidade de aumentar a área do local. Eram mais pessoas, mais vidas para tratar e mais dificuldades a enfrentar, casamentos sendo restaurados, e o meu, nada. Mas a Bíblia diz que tudo é possível ao que crê (Mc 9:23). Era possível ajudarmos muitos, embora sentíssemos o peso da responsabilidade de não ter um verdadeiro matrimônio.

Extraindo lições das dificuldades

Enquanto seguia, agora sendo pastora de ovelhas, com um esposo que tinha problemas emocionais, traumas de infância, dores pelo abandono familiar e exclusão, sentia a necessidade de buscar mais de Deus para compreender tudo que estava vivendo. Fui descobrindo a capacidade de lidar com pessoas difíceis, não apenas com o esposo, mas com várias dores, inclusive as minhas. Muitas pessoas chegavam até nós para se aconselharem, fortalecerem a fé, fazerem confissões e outros mais.

Não era fácil, às vezes me sentindo só, às vezes com vontade de desistir de tudo, mas por vezes entendia que havia uma grande batalha espiritual e que era preciso confiar em Deus, em Cristo, ter fé, crer e seguir em frente, pois entendia que uma vez assumindo o chamado, não seria possível olhar para trás (Lc 9:62). Durante a jornada foram muitos desafios.

Tenho três filhas, e uma delas, em um momento de muito empenho no chamado, em uma hora em que não percebi as investidas do diabo contra a minha família, veio a desfalecer, perdeu os sentidos, ficou como morta; foi algo que eu nunca tinha vivido. Contudo, clamei por Deus no momento, enquanto seu corpo quase sem vida estava em meus braços. Numa batalha de emoções e muita fé, Deus a trouxe à vida. Louvado seja o nome do Senhor. O mesmo evento ocorreu duas vezes. Foi uma experiência extraordinária de fé e confiança no Criador.

Tivemos várias vitórias e provas de que existe um Deus que pode tudo e capacita pessoas a realizar coisas incríveis. Atendemos o chamado, vamos com fé e Deus vai realizando tudo.

Sem experiência como locutora de rádio, enfrentamos um estúdio, fomos guiados pelo Espírito de Deus com toda a programação, Rádio Vida Fortaleza, programa Profetizando as Nações. Passamos o período de quatro anos realizando, ministrando verdades do Céu, trazendo boas-novas, curando corações, realizando a vontade de Deus. Foi tremendo. Enquanto isso, meu esposo totalmente ausente de minha vida ministerial.

Meu casamento era algo que estava apenas no papel, pois na realidade considerava uma viúva de marido vivo. Isso era terrível. Tinha que muitas vezes administrar e assumir o lar com todos os problemas, apenas Deus e eu. Era muito complicado, mas aprendi a viver contente em qualquer situação. Fui enfrentando tudo, vivendo dia após dia. Eram provas no casamento, principalmente no relacionamento com minhas filhas, nas finanças, na saúde, muitos altos e baixos.

Meu esposo tinha total aversão à igreja, algumas vezes me proibiu de ir ao culto. Mesmo com tudo ao contrário, eu cria que Deus poderia um dia mudar tudo, e mudou (Lc 1:37). Porque para Deus nada é impossível. Meu esposo entregou a vida para Cristo e hoje é uma benção. O nosso casamento foi restaurado e ambos estamos crescendo em Deus.

BIBLIOGRAFIA

BÍBLIA SAGRADA. Bíblia King James Atualizada (KJA). Rio de Janeiro: Art Gospel, 2019.

"Amar, servir e
perdoar é
nosso lema."

Mácia Fernandes

Marizelma Castro

Sou Marizelma Castro, nascida em São Luís do Maranhão, filha de José Ribamar Vale e Maria José Serejo Vale.

Sou pastora há trinta anos e há dezoito fundei a Igreja Semeando Vida juntamente com meu esposo, Jorge Edson Castro (*in memoriam*). Atualmente, como presidente da igreja, sirvo à obra como profeta de ofício e missionária, vivendo sempre à disposição, cumprindo minha aliança e meu chamado.

Tenho um casal de filhos, Bruno Castro e Debora Castro. E mais três filhos de coração: Costa Neto, Ladyane Castro e Alyson Taylor. Tenho dois netos, Vicente e Maria Sophia.

Sou mentora de mulheres e famílias, capelã, juíza de paz eclesiástica e culinarista. Amo servir e inspirar outras pessoas em suas trajetórias.

pastora_marizelmacastro

+55 (98) 98134-8888

marizelmacastro@gmail.com

UMA ALIANÇA NÃO SE QUEBRA QUANDO HÁ COMPROMISSO

22

Marizelma Castro

Quero compartilhar com vocês um pouco da minha história de aliança e compromisso com Deus. Quando aceitei Jesus como meu único e suficiente Salvador, fiz com Ele uma aliança inquebrável. Quando Deus faz uma aliança, **Ele sempre cumpre Sua parte**, e eu tenho que cumprir a minha em toda e qualquer situação, em cada etapa da caminhada, até que Ele venha.

"Ele é o Senhor, o nosso Deus; Seus decretos são para toda a Terra. Ele se lembra para sempre da Sua aliança, por mil gerações, da palavra que ordenou, da aliança que fez com Abraão, do juramento que fez a Isaque" (Sl 105:7-9).

Quando me casei, ainda não era convertida. Eu era apenas uma jovem de 18 anos, cheia de sonhos e projetos, que foram frustrados pela desobediência de não viver uma vida com Deus.

No dia 3 de março de 1990, casei-me com meu falecido marido, mas aos olhos humanos seria um casamento improvável. Enfrentamos muitas brigas e ciúmes, ao ponto de eu não conseguir terminar meus estudos nem continuar os sonhos que tinha na época. Eu acreditava que daria certo, pois o amava e não queria abandoná-lo. Nosso amor vinha desde a infância, mas a verdade é que o Senhor já havia escrito a nossa história; apenas antecipamos as coisas.

Fui morar com meus sogros, que foram fundamentais para que nosso casamento não acabasse. Eles cuidaram de mim como uma filha e não aceitavam a nossa separação, devido ao vínculo entre nossas famílias. Com dois anos de casados, meus pais conheceram Jesus e começaram a orar por toda a nossa família, declarando Josué 24:15: "Eu e minha casa serviremos ao Senhor". No dia 26 de maio de 1993, aceitamos Jesus como nosso único e suficiente Salvador. Naquele momento, fizemos uma nova aliança em nosso casamento, e com Deus, comprometendo-nos a servi-Lo por toda a vida. Na mesma semana, recebemos uma palavra de que seríamos pastores. No início, isso parecia algo impossível, mas escolhemos viver uma nova etapa, bem mais difícil, mas também mais leve, pois agora o Senhor estava no controle de tudo.

Começamos a sonhar e conquistar aquilo que era promessa de Deus. Antes, não vivíamos em comum acordo, mas, a partir daquele momento, passamos a nos dedicar a conhecer a Bíblia e viver Sua Palavra com mais intimidade e dedicação. Nos envolvemos na igreja onde nos convertemos, encontramos nossa paternidade espiritual em Deus e deixamos de viver nossos sonhos e projetos no mundo secular para viver o chamado ministerial. Como pastores, passamos a sonhar os sonhos de Deus. Fazer a obra foi um grande desafio, mas quando Deus chama, Ele capacita e faz o impossível acontecer.

Na época, o Senhor nos mandou servir em outro estado, longe de onde morávamos. Deus nos tirou do meio da nossa parentela e nos enviou para a terra que Ele prometeu, assim como fez com Abraão (Gn 12:1). Então, assim fizemos, doamos tudo o que tínhamos de móveis e fomos com nossos filhos. Vivíamos servindo onde o Senhor nos mandava, como verdadeiros pastores missionários, fazendo o Ide com muito amor e obediência, mesmo que isso nos custasse tudo.

E você, que tem um chamado de Deus, independentemente da área, não abra mão e não quebre sua aliança com Ele por nada que o mundo ofereça. Eu larguei tudo e continuo renunciando até hoje para seguir o meu propósito.

"E todo aquele que tiver deixado casas, irmãos, irmãs, pai, mãe, mulher, filhos ou campos, por amor do meu nome, receberá cem vezes mais e herdará a vida eterna" (Mt 19:29).

Passamos treze anos servindo como pastores em uma determinada igreja, sendo oito anos fora da nossa cidade. Foi então que o Senhor nos direcionou a voltar e abrir a Igreja Semeando Vida. Esse, sem dúvida, foi um dos nossos maiores desafios juntos. Tínhamos muitos sonhos para realizarmos juntos. Alguns foram concretizados, outros estavam se cumprindo e outros ainda estavam no papel. Tudo estava indo bem, até que começou a pandemia da covid-19. Toda a minha família contraiu a doença e, poucos dias depois, meu esposo veio a óbito. E então, tudo mudou.

Fiquei muito debilitada, com várias sequelas e me sentindo incapaz de prosseguir como pastora e com a igreja, pois eu era totalmente dependente dele; sempre fui auxiliar do meu esposo em tudo e, de repente, me vi totalmente sozinha e sem direção. Senti como se o meu chamado tivesse chegado ao fim. Muitas vezes, clamei a Deus: "Senhor, como posso prosseguir na Tua obra, conduzindo tuas ovelhas? Senhor, eu não passo de uma criança, não sei falar direito e nem sei prosseguir sem meu esposo!".

Em meio a essa angústia, Ele me trouxe à memória Jeremias 1:5-8, e essa palavra me encorajava todos os dias a viver por fé. A aliança que eu havia feito com Deus era inquebrável. O término da minha aliança com meu esposo se cumpriu conforme a palavra: "Até que a morte os separe". Mas a minha aliança com Deus permanecia. E eu não podia quebrá-la!

Passei a viver totalmente dependente do Senhor. Tornei-me uma mulher viúva, cada dia mais dependente de Deus e disposta a cumprir os seus propósitos. O meu corpo ainda sofria com as sequelas da doença, mas a minha fé me fazia crer na cura, e segui firme em cumprir a vontade de Deus, dando continuidade à obra como Pastora, me comprometendo a jamais largar meu cajado — eu não poderia abandonar as ovelhas que Deus havia me dado para cuidar.

Houve um dia em que estava acamada, debilitada, mas ainda crendo que Deus me curaria e que eu seguiria fazendo a vontade dEle. Olhei para o céu, comecei a orar, chorar, e então o Senhor me entregou a palavra de Josué 1:9: "Não fui eu que te ordenei? Seja forte e corajoso! Não tenha medo, nem desanime, pois o Senhor, o seu Deus, estará com você por onde você andar". Essa palavra veio como um renovo para minha vida! Falei para Deus: "Se o Senhor me curar e me der força e vigor, eu seguirei Te servindo até que Tu venhas! Não quebrarei minha aliança, cumprirei meu chamado em obediência e farei o Teu Ide!".

Não foi fácil e não é fácil até hoje, mas a cada dia fui ficando melhor — Deus restituiu a minha saúde e as minhas forças. Comecei a fazer tratamentos com várias equipes médicas, e Deus levantou familiares, meus filhos e amigos que cuidaram de mim e uma equipe de pastores da qual passei a fazer parte. Esses pastores cuidaram de mim durante minha recuperação, pois eu precisava não apenas de cuidados médicos, mas também espirituais.

No processo de recuperação, não posso deixar de citar minha sobrinha, Ingrid Carneiro, a quem considero como filha. Mesmo muito jovem, ela saiu do meio da sua família para cuidar de mim e morar comigo por alguns meses. Fez-me companhia, encorajou-me a não desistir e, hoje, é uma pastora e missionária muito dedicada à obra de Deus. Ela serve com excelência, amor e fé, acreditando e me encorajando a chegarmos juntas a lugares mais altos e ao nosso propósito com Deus, cuidando da igreja e das ovelhas.

Em meio à pandemia, a igreja ficou aflita com o falecimento do pastor. Mas, a cada melhora que eu tinha, dizia a eles que nunca os abandonaria e que jamais fecharia a igreja, pois a igreja Semeando Vida não pertencia ao pastor Jorge e muito menos a mim, mas nasceu do coração de Deus. Fomos apenas instrumentos para abri-la, e eu precisava deles para prosseguirmos com as portas abertas, prosseguirmos com a expansão do Reino. Eu afirmava que iria ficar bem e que tinha fé de que não demoraria muito. Eles acreditaram e sabiam que eu não os abandonaria, pois conheciam o nosso amor por eles. No momento em que mais precisei, as ovelhas da Igreja Semeando Vida também estiveram comigo.

A cada dia, vencia um "leão" que se levantava e ainda se levanta até hoje. Mas aprendi a me adaptar a qualquer circunstância e situação. Sei o que é passar necessidade e sei o que é ter fartura.

Quando temos um chamado, obedecemos para cumprir o propósito.

Com um pouco da minha história, quero encorajá-la a prosseguir sem quebrar sua aliança com Deus. Hoje, temos uma liderança de pastores, obreiros e diáconos que estão ombreados juntos comigo, cuidando das ovelhas. E agora, mesmo que eu venha a faltar, eles sabem que a obra continuará e que a igreja não ficará sem pastores para direcioná-la e dar continuidade ao chamado de Deus, pois a igreja tem paternidade não em homens, mas em Deus. A cada dia, vemos Sua bondade e misericórdia. Não desista. Apenas seja fiel e obedeça à vontade de Deus!

Deus escolhe os improváveis

Se a consideram uma improvável, pequena, e você sente que o mundo não lhe dá valor, é com você mesmo que eu falo. Saiba que eu também fui considerada assim, mas são pessoas como eu e você que o Senhor levanta. Deus capacita segundo a vontade dEle.

Ao longo da história, Deus sempre chamou os menores, os esquecidos, os improváveis, aqueles que o mundo considerava sem valor. Ele faz isso para mostrar Seu poder e misericórdia. Sob a indicação da querida pastora Illana Marreiros, fui convidada para fazer parte deste livro, e isso só reforça a visão que Deus tem de nós e a forma como Ele nos capacita.

Nenhum título, cargo ou posição é maior do que o privilégio de ser um instrumento nas mãos de Deus.

De que valem cargos e títulos no Reino?

Como meu filho Bruno me disse quando eu estava em conflitos: "Em sua apresentação e currículo, pode até não haver grandes formações acadêmicas ou títulos importantes aos olhos humanos, mas há o mais importante: és uma grande pastora e há trinta anos vive para servir à obra de Deus, orientando suas ovelhas da melhor forma e as amando".

Deus a escolheu e escreveu a sua história antes mesmo de você nascer. Não quebre sua aliança com Ele, nunca desista dos seus sonhos e vá aonde Ele a enviar!

Hoje, continuo seguindo firme com a igreja, expandindo-a para novos lugares. E sei que esse é apenas o começo das grandes coisas que Deus fará por meio de nós. Eu me sinto forte como uma leoa, voo alto como uma águia e corro como uma corça que anseia pelas águas, cheia de saúde e vigor, como pedi a Deus. Zelo e honro pela minha aliança. E você, tem mantido, zelado e honrado sua aliança com Deus? Se não, a convido agora a tomar essa decisão!

Um forte abraço! Seja forte e corajosa!

“A cura nos habilita
a impactar outras
vidas, e as alianças
nos fazem alcançar
as promessas.”

Marizelma Castro

Marley Pereira

Sou Marley Pereira, casada com Thiago Mendonça. Tenho dois filhos: Marcos e Yan. Sou pastora há oito anos e tenho vivido o propósito de Deus.

Nasci numa cidade em Minas Gerais, mas passei a minha infância e adolescência em Palmeiras de Goiás. Os meus pais eram da igreja Assembleia de Deus e assim comecei a minha jornada cristã. Com sete anos, fui batizada com o Espírito Santo, e aos 13 fui batizada nas águas.

Aos 15 anos, nossa família se mudou para Goiânia. Passei a congregar em uma igreja na qual meu irmão era o pastor dirigente, mas aos 17 anos me afastei da igreja e ali passei a maior parte da minha vida, longe dos caminhos do Senhor. Somente há doze anos tive o verdadeiro encontro com Deus.

pastoramarley

+55 (62) 99839-1527

missionariamarley@gmail.com

MULHERES COM UM CHAMADO

VOLUME 3

VIVENDO O SOBRENATURAL DE DEUS

23

Marley Pereira

Deus é soberano e poderoso para fazer infinitamente mais do que pedimos ou pensamos. Mas Ele nos chama a nos posicionar, a abrir mão do que nos prende, para vivermos plenamente as promessas que Ele tem para nós. E eu renunciei a tudo. Sim, tudo mesmo.

Houve dias em que perdi minha autoestima, minha identidade, e mergulhei em um mar de lágrimas, angústia e solidão. Muitas vezes, achei que fosse o fim. Cheguei a clamar a Deus pela morte, incapaz de enxergar qualquer esperança. Mas, então, Ele me lembrava de Sua Palavra: "Eu é que sei que pensamentos tenho a vosso respeito, diz o Senhor; pensamentos de paz e não de mal, para vos dar o fim que desejais" (Jr 29:11).

Deus tem um propósito para cada um de nós. Um plano que vai além do que podemos imaginar. E você? Já parou para pensar se está vivendo o propósito dEle para a sua vida?

Aos seis meses de vida, os médicos me desenganaram por causa de um grave problema de saúde. Mas a Bíblia diz: "Antes que eu te formasse no ventre materno, eu te conheci, e, antes que saísses da madre, te consagrei e te constituí profeta das nações" (Jr 1:5). Deus já havia escrito minha história, e Ele não permitiria que ela terminasse ali.

No dia 6 de junho de 2011, eu dei o primeiro passo em direção ao meu resgate. Na época, eu não sabia, mas Deus estava usando uma situação dolorosa — um relacionamento de um ano que estava me consumindo — para me chamar de volta a Ele. Comecei a frequentar a igreja, buscando uma solução para o que vivia, mas, no fundo, era minha alma que clamava por um encontro verdadeiro com o Pai.

E Deus respondeu! O Espírito Santo começou a fluir em mim de uma forma que eu nunca havia experimentado. Era como se Ele estivesse trabalhando em cada pedaço do meu ser, de dentro para fora. Trinta dias depois, o relacionamento chegou ao fim. Eu estava devastada, sem chão, sem entender o porquê de tudo aquilo. A dor era tão grande que entrei em uma depressão profunda, perdendo 13 kg em apenas dois meses.

Mas, mesmo no vale da sombra da morte, eu continuei buscando a Deus. E foi ali, no meu momento mais frágil, que Ele começou a agir de forma poderosa. Aquele foi o início do meu processo em minha vida. Um processo de cura, restauração e descoberta do propósito que Ele havia preparado para mim desde o ventre.

O deserto e a transformação

Nos meses que se seguiram, eu me vi em um deserto emocional e espiritual. Cada dia era uma batalha contra a dor, a dúvida e o medo. Mas, mesmo quando eu não conseguia orar, o Espírito Santo intercedia por mim com gemidos inexprimíveis. Aos poucos, Deus começou a me mostrar que aquela temporada de dor não era o fim, mas o início de algo maior.

Foi nesse período que Ele começou a revelar minha verdadeira identidade. Eu não era mais a pessoa que eu pensava ser — aquela que buscava validação em relacionamentos, em conquistas ou na opinião dos outros. Eu era filha dEle, amada, escolhida e destinada a cumprir um propósito que só eu poderia realizar.

Aos poucos, a depressão começou a perder força. Por meio da Palavra de Deus, da oração e do apoio da minha cobertura espiritual, eu fui me reconstruindo. Cada versículo que eu lia era como um tijolo na reconstrução dos muros do meu coração. Cada momento de adoração era um passo em direção à libertação.

Um ano depois daquela crise, eu já não era a mesma pessoa. Deus havia me levado a um lugar de intimidade com Ele que eu nunca havia experimentado antes. Foi então que Ele começou a me falar sobre o próximo capítulo da minha vida.

Durante minha jornada de libertação, Deus me pediu que contasse ao meu filho sobre uma tentativa de aborto que havia ocorrido no passado. Foi um momento extremamente difícil, mas obedeci. Quando ele chegou da escola, sentei-me com ele, contei tudo e pedi perdão. Ele me perdoou, e, naquele momento, um peso enorme foi tirado de mim. O Espírito Santo me disse que eu ministraria a muitas mulheres e levaria a palavra a muitos lugares, mas, para isso, eu precisava estar completamente livre. O passado já passou, e agora tudo é novo.

Em 2013, enfrentei um dos períodos mais difíceis da minha vida. Perdi meu emprego, não tinha dinheiro para pagar o aluguel e cheguei a vender meus móveis para comprar comida. Fui despejada e tive que morar na casa da minha irmã. Mas hoje entendo que tudo isso foi para a glória de Deus.

O chamado para um novo tempo

Em uma noite de oração, Ele me mostrou que eu havia sido chamada para ministrar às mulheres que, assim como eu, haviam perdido sua identidade e propósito. Mulheres que estavam presas em relacionamentos abusivos, em ciclos de dor e em sentimentos de frustação. Deus me chamou para ser uma voz de esperança e restauração para elas.

No início, eu resisti. Quem era eu para falar de cura e restauração? Eu ainda carregava cicatrizes da minha própria jornada. Mas Deus me falou que "Ele escolhe as coisas loucas deste mundo para confundir as sábias; e escolhe as coisas fracas para confundir os fortes" (1 Cor 1:27). Ele não queria alguém perfeito; Ele queria alguém disposto a ser usado por Ele.

Deus tem marcado meu ministério de forma sobrenatural. Comecei reunindo um pequeno grupo de mulheres para um chá da tarde. No primeiro dia, trinta mulheres compareceram, e ali começou um ministério de transformação e libertação. Muitas mulheres feridas, abandonadas, com casamentos destruídos e filhos envolvidos com drogas.

Deus usou cada lágrima, cada dor e cada momento de desespero que eu havia vivido para me equipar para esse chamado. Eu podia olhar nos olhos daquelas mulheres e dizer com convicção: "Deus não acabou com você! Ele está apenas começando".

Ao longo dos anos, testemunhei milagres. Mulheres que estavam à beira do suicídio encontraram esperança. Relacionamentos destruídos foram restaurados. Vidas que pareciam perdidas foram transformadas pelo poder de Deus. E eu sabia que não era por minha força ou habilidade, mas porque eu havia me rendido ao propósito dEle.

Em 2015, realizei meu primeiro encontro de mulheres, e, desde então, o ministério tem crescido. Deus sempre me prometeu que eu escreveria um livro contando minha história e testemunho. Hoje, estou aqui compartilhando o que Ele tem feito em minha vida. Ele também me prometeu uma família, e hoje, para a glória dEle, sou casada e tenho uma família abençoada. Deus é fiel e cumpre Suas promessas.

O sobrenatural de Deus em ação

Hoje, olho para trás e vejo que cada passo da minha jornada foi necessário para me trazer até aqui. As lutas que eu enfrentei não foram em vão; elas foram o terreno fértil onde Deus plantou sementes do propósito.

Deus não apenas me restaurou, mas me deu uma vida que eu nunca poderia ter imaginado. Ele me levou a lugares que eu nunca sonhei em ir, me deu uma família espiritual que eu nunca pensei em ter, e me deu um ministério que toca vidas de maneiras que eu nunca poderia ter planejado.

E Ele pode fazer o mesmo por você. Não importa o que você esteja enfrentando hoje, não importa quão profunda seja a sua dor, Deus tem um propósito para você. Ele quer restaurá-la, fortalecê-la e usá-la de maneiras que vão além da sua imaginação.

Um convite para você

Se você está lendo isso e sente que está no meio de um deserto, saiba que você não está sozinha. Deus está com você, mesmo quando você não consegue senti-Lo. Ele está trabalhando nos bastidores, preparando algo lindo para a sua vida.

Permita-se buscar a Ele de todo o coração. Renuncie ao que a prende e abrace o propósito que Ele tem para você. Você foi criada para algo maior. Você foi criada para viver o sobrenatural de Deus.

E, quando você se render a Ele, verá que Ele é fiel para cumprir cada promessa que fez, porque Ele não apenas tem um plano para a sua vida — Ele é o plano. E Ele não vai parar até que esse plano seja cumprido.

Você não vai caminhar sozinha! Estou aqui para pegar na sua mão e caminharmos juntas. Seja qual for a luta, o medo ou a dúvida, você não precisa enfrentar nada sozinha; me chame nas minhas redes sociais, vamos conversar, compartilhar e fortalecer uma à outra. Juntas, somos mais fortes, e com Deus no comando, não há desafio que não possamos superar.

Vem comigo. Você não está sozinha!

BIBLIOGRAFIA

BÍBLIA SAGRADA. Nova Versão Internacional (NVI). Rio de Janeiro: Thomas Nelson Brasil, 2021.

"Não é o amor
que sustenta o
relacionamento,
é a forma de se
relacionar que
sustenta o amor."

Marley Pereira

Nilva Tomé

Eu sou Nilva Tomé, natural de Juazeiro/BA, mas moro em São Paulo desde os quatro meses. Sou casada há dezoito anos com Jonas Vicente, com quem tive três filhos: Nicolle, Jonas e Lorena, cuja pequena e grande trajetória vou ter o prazer de compartilhar com vocês. Também sou mãe da Isabelle, fruto de um relacionamento anterior.

Sou nutricionista por profissão e do lar por privilégio. Pertencemos à Igreja Edificando Lares (IEL), onde pastoreamos jovens e adolescentes, e junto com outras mulheres lideramos um grupo de Mulheres Edificadas.

Também sou voluntária no projeto Cuidando de Quem Cuida, em que recebemos acompanhantes do hospital oncológico da região, servimos refeição, uma palavra ou um ombro.

Ainda faço parte da Família Acolhedora (LALEC), acolhendo crianças em vulnerabilidade.

nilva02

+55 (11) 95204 6470

nilva79@gmail.com

MULHERES COM UM CHAMADO

VOLUME 3

A VOZ DE DEUS ERA PALPÁVEL

24

Nilva Tomé

Como você reagiria se Deus permitisse que você enfrentasse seu maior medo? Já parou para refletir sobre como as experiências mais angustiantes podem se transformar em fontes de esperança e propósito? Essa é a pergunta que ecoa em mim desde o dia em que a vida da minha filha, Lorena, mudou para sempre.

A jornada

Lorena nasceu em 2013, e aos sete meses parou de ganhar peso. Com um ano, foi internada pela primeira vez devido a uma bronquiolite, depois disso outros episódios vieram.

Em julho de 2015, fomos mais uma vez para o hospital, e dessa vez ela estava em estado muito grave, um pulmão já comprometido. Foi direto para UTI e ficou entubada. Vê-la naquela situação foi muito difícil, eu grávida de quase oito meses, via minha filha lutar pela vida. Foram inúmeras intercorrências entre infecções e reações adversas naquela UTI, desde uma infecção por bactéria até alergia ao antibiótico. Depois de quarenta e cinco dias, dois dias antes do parto de Joninhas, Lorena teve alta, mas sem diagnóstico.

Em busca de respostas

Após o nascimento do bebê, começamos uma jornada de exames. No CHSP, conhecemos a médica responsável, cautelosa e dedicada. Como não podiam retirar sangue com frequência, os testes se arrastavam, enquanto Lô continuava sempre sorridente e cheia de energia.

O diagnóstico

Em dezembro, outra internação. Um novo mielograma revelou um diagnóstico: Leucemia Mielomonocítica Juvenil (LMMJ), um tipo raro que leva a óbito em 24 meses, devido à desnutrição e à falta de diagnóstico. Clamei a Deus apenas para ter tempo para cuidar dela.

A batalha

Fomos encaminhados ao Grupo de Apoio ao Adolescente e à Criança com Câncer (GRAACC), onde a equipe médica nos preparou para a batalha. Quimioterapia, nutrição rigorosa, transfusões. Como ela se encontrava em estado de desnutrição, seria impossível realizar o transplante sem estabilizar o quadro.

Seguimos para a nutrição (foi nesse momento que conheci minha profissão). Ela usava uma sonda nasogástrica (tubo flexível que é inserido pelo nariz e vai até o estômago), pela qual recebia um suplemento rico em vitaminas e calorias, além da alimentação por via oral.

O único caminho para a cura seria o transplante de medula óssea. Apesar da baixa contagem de plaquetas, ela não apresentava sangramentos, cansaço ou desânimo. Estava sempre sorrindo. A quimioterapia começou enquanto buscávamos um doador compatível.

A cura e o transplante de medula óssea

Joninhas e Nicolle eram 100% compatíveis, a chance de encontrar um doador compatível é de 1 em 100 doadores aparentados e 1 em 100 mil entre não aparentados. Isso significava o cuidado de Deus falando ao meu coração que ficaria tudo bem, afinal tínhamos dois doadores! Pensei que ela faria a quimioterapia e o transplante, seria curada e que daria um lindo testemunho!

Pedimos experiências para Deus, então estava vivendo o que eu achei que seria nosso testemunho. Nunca duvidei da cura, mesmo todos os médicos dizendo que já estávamos vivendo um milagre, pois a Lorena chegou até ali, mas meu coração dizia que havia mais, a cura seria nosso milagre! Em julho, iniciamos o transplante; nos internamos juntos, enquanto Nicolle doava a medula. Após a infusão, restava aguardar a "pega" da medula. O milagre que eu tanto esperava parecia estar acontecendo.

UTI e parada cardiorrespiratória

Tudo parecia caminhar bem até uma manhã em que Lorena acordou muito quieta e com a saturação baixa. Precisou ir para a UTI. Chegando lá, sofreu uma parada cardiorrespiratória de quatro minutos. Foi reanimada e entubada; os rins estavam diminuindo as funções, e não tinha como fazer diálise, pois ela não resistiria.

A voz de Deus

Passei a noite orando em cima dela, fazendo o caminho do rim na minha cabeça (mesmo sem saber); pedi a Deus que curasse minha filha, e eu ouvi Deus dizer: "Ela é minha". Pedi novamente e não ouvi mais nada. Orei pedindo estabilidade para aproveitar cada momento com minha filha, mas só encontrei silêncio.

O milagre da recuperação

Na manhã seguinte, o quadro era estável e os rins voltaram a funcionar. Os dias foram passando e a medula pegou na semana em que estava programada a extubação. Fomos informados de que precisavam fazer um exame, pois podia haver lesões cerebrais devido à parada.

A sedação foi diminuindo e ela começou a sugar o tubo, como fazia com a chupeta. Comemoramos, pois ela estava voltando e sem sequela nenhuma. Era questão de dias até a volta para casa. Nosso milagre estava ali!

O diagnóstico da recidiva

A medula pegou e tudo indicava que logo voltaríamos para casa. Tivemos um intervalo de idas ao hospital e posso dizer que tive a estabilidade que eu pedi a Deus. Mas em outubro, um exame revelou a recidiva. Eu ainda acreditava no milagre, pois Joninhas era outro doador.

O desfecho: a partida

No final de novembro observamos que o baço dela estava maior e ela começou a ter dificuldade para andar e falar. Estávamos indo três vezes por semana ao hospital; dia sim, dia não, ela precisava de transfusão de sangue.

Sexta-feira à noite, enquanto passava roupas, segurei um vestido rosa e senti algo diferente. Pensei: "Será esse o vestido que ela usará?". Nessa hora eu conversei com Deus pedindo para tirar de mim a angústia e os pensamento ruins que estava sentindo. Ouvi mais uma vez: "Ela é minha"; a voz era palpável, não sei explicar. Em pensamento, eu tive coragem de responder: "Que seja rápido, quero estar junto e que ela não precise de morfina" — loucura, eu pensei.

Naquela mesma noite, percebi que ela estava inquieta, agitada e com desconforto respiratório, e eu disse ao meu esposo: "Vamos ao hospital, pois ela não está bem". Ele disse para esperar até o outro dia, pois ela teria quimioterapia; então ela veio ao nosso encontro e falou: "Papai, me leva no GRAACC, eu quero tomar um remedinho para ficar melhor". Ele concordou e fomos na madrugada mesmo. Recebeu transfusão e dormiu tranquila.

Pela manhã, os exames revelaram a quantidade de glóbulos brancos e as plaquetas estavam baixíssimas. Por esse motivo precisava ir à UTI, sendo entubada novamente. Mesmo debilitada, ela continuava falante e sorridente. Os médicos ficaram surpresos e, antes de adormecer, ela estava tranquila e falou para a equipe: "Papai vai trazer uma Coca-Cola". Suas últimas palavras.

Na madrugada, sua saturação despencou. Não reagia mais a nenhuma medicação. Os médicos informaram que não havia mais o que fazer. Nessa fase, eu não pensava mais em milagre, testemunho, eu pensava no que eu faria se perdesse a minha filha. Eu fiquei revoltada, pensando: "Deus, e agora? Faz alguma coisa!". Eu já não conseguia orar, eu só fiz um pedido a Deus: "Senhor me dê maturidade espiritual para aceitar a sua vontade".

O adeus e a aceitação da vontade de Deus

Na segunda pela manhã, meu esposo veio cedo ficar com ela. Eu estava muito angustiada e ansiosa; cheguei à sala de espera e para minha surpresa Deus tinha enviado pessoas amadas para me fazer companhia, e elas fizeram toda a diferença. Por volta de 16 horas, subi para que ele pudesse almoçar. Saí com coração muito apertado e, chegando lá, olhei para o monitor e não havia nada de diferente. Então eu cheguei no ouvido dela, cantei, orei, conversei, disse que se ela quisesse voltar já estava na hora, mas que se quisesse descansar, eu cuidaria de tudo. Foi questão de segundos, eu me sentei, baixei a cabeça, o monitor começou a apitar.

Entraram rápido com carrinho de emergência, desci correndo. Enquanto eu descia de elevador, passou um filme na minha cabeça: o vestido, a morfina que ela não precisou, eu estar com ela e ter a oportunidade de orar, e que foi muito rápido, acredito que sem sofrimento. Às 16h45 do dia 5 de dezembro de 2016, Lorena partiu.

No quarto, a segurei nos braços; ela estava quentinha. Ali nos despedimos dela. Vesti o mesmo vestido rosa que havia separado dias antes, e optamos pela cremação.

A transformação da dor

A dor era esmagadora. A sensação era de que meu coração estava sendo triturado. No caminho de volta para casa, um pensamento me dominava: "Onde tudo recomeça?". Tinha Nicolle e um bebê de um ano e três meses que precisavam de mim.

A todo momento eu pensava que chegaria ao ponto em que iria desabar, jogar tudo para o alto; as crianças estavam de férias, meus dias estavam em função deles, e isso me ajudou.

Os dias seguiam. Eu não orava. Não sabia o que dizer a Deus; era como se minha vida estivesse vazia e tudo que eu fazia era no automático. Se antes as orações eram para curar, me via sem saber o que falar, um verdadeiro papel em branco, era assim que parecia. Eu me envergonhava, pois estava há dias sem conversar com Deus, vergonha de estar ali e não conseguir expressar o que estava sentido.

Quando as aulas voltaram e me vi sozinha, ajoelhei-me. As palavras não saíam. Só lágrimas. Pedi que Deus devolvesse minha filha.

Transformando a dor em missão

Os dias passaram. A dor se transformou em saudade. Aceitei a vontade de Deus. Ao verbalizar isso, senti paz. Vivi o luto, a perda, a dor e a saudade. Aprendi a ouvir e confiar em Deus, mesmo sem entender. Ele continua escrevendo minha história — e a sua também.

Com o passar dos dias, a batalha com Lorena transformou minha dor em um novo propósito. Inspirada pelo exemplo de força da minha filha e pela maneira como Deus se fazia presente em meio ao sofrimento, decidi ressignificar toda aquela dor.

O legado

Anos depois, nos tornamos Família Acolhedora, e por um ano cuidamos de uma criança em vulnerabilidade social, oferecendo-lhe um ambiente seguro e repleto de amor, até que pudesse ser reintegrada à sua família. Cada lágrima, cada instante de sofrimento, converteu-se em um ato de amor e esperança.

Hoje, aprendi que Deus não apenas consola, mas ressignifica nossas lutas. Cada capítulo de dor pode se transformar num propósito de cura e amor. Meu luto se converteu em missão, e a dor, em semente de um novo começo.

Mesmo após a partida de Lorena, a esperança floresceu e em cada gesto de compaixão, em cada abraço acolhedor, vejo o legado que ela deixou. Afinal, quando a dor se une à esperança, Deus transforma nossas lutas em propósitos que acolhem e curam, abrindo caminho para um futuro onde o amor vence todas as adversidades.

"Eu pedi a Deus
maturidade espiritual
para aceitar a
vontade dEle; então,
tudo foi diferente."

Nilva Tomé

Patrícia Abreu

Olá, mulheres! Sou Patrícia Abreu, natural do Rio de Janeiro/RJ e filha amada de Deus. Meus pais são Luzimar Oliveira e Deltra Monteiro. Sou casada há dezesseis anos com meu grande amor, Leandro Abreu, e temos dois lindos meninos: Miguel, de 13 anos, e Pedro de 6 anos. Trabalhei toda a minha vida em CLT, sou formada em Marketing e pós-graduada em Administração pela Fundação Getulio Vargas (FGV).

Buscando autoconhecimento, encontrei meu chamado e me apaixonei pelo Desenvolvimento Humano. Hoje, sou formada como analista de temperamentos humanos, especializada em desbloqueios emocionais e, atualmente, estudante de Neurociência Comportamental/PUCRS.

Sou uma mulher simples, sem títulos, mas que recebeu seu propósito com muito temor e honra. Aprendi nessa jornada que é libertador entender o lugar para o qual Deus a chamou.

patyfabreu

+55 (21) 99649-3796

patyfabreucorporativo@gmail.com

MULHERES COM UM CHAMADO
VOLUME 3

O RIO
DE CURA

25

Patrícia Abreu

> Em ambas as margens do rio crescerão árvores frutíferas de toda espécie. As folhas dessas árvores nunca secarão nem cairão, e sempre haverá frutos em seus ramos. Produzirão uma nova colheita a cada mês, pois são regadas pela água do rio que nasce no templo. Seus frutos servirão de alimento e suas folhas, de remédio. (Ez 47:12)

O capítulo 47 de Ezequiel foi uma direção de Deus que me impactou profundamente. Muitas vezes, esperamos direções e respostas em púlpitos ou conferências, mas nada se compara a ouvir a voz do Senhor dentro dos nossos lares, fazendo aquilo que não rende aplausos e nem títulos. Como Davi, encontrado atrás das malhadas cuidando de ovelhas em sua vida cotidiana (1 Sm 16:11), fui encontrada cuidando da minha casa. Ali, muitas vezes na pia da cozinha lavando louça, Deus confirmou projetos, deu direções, consolo e encorajamento: só eu e Ele.

Dois meses antes de conhecer o projeto deste livro, recebi no secreto essa palavra sem saber que ela iniciaria meu capítulo. Foi o coroar de um tempo de aprendizado e rendição na presença de Deus, deixando claro que eu estava sendo conduzida a um lugar onde o controle não era meu. A frase: "E seus frutos serão alimento e suas folhas serão usadas como remédio" fez todo o sentido quando soube que o tema do livro seria "histórias que curam", e entendi que Deus já havia me capacitado para escrever.

Algo valioso que aprendi: Deus coloca em nossa bagagem exatamente o que precisaremos usar lá na frente, pois com o Senhor não tem "prova surpresa". Ele nunca nos submete a provas sem antes nos dar as ferramentas necessárias, basta estarmos atentas.

Mas não se engane, nem sempre enxerguei isso. Nos anos de 2022 a 2024, o Senhor me conduziu ao deserto. Não houve tragédias ou perdas, mas fui confrontada em espírito, como se estivesse sendo prensada. E assim como a passagem pelo deserto transformou profundamente o povo de Israel, eu também nunca mais fui a mesma.

Eu fui revirada e curada na minha identidade de filha. Porém, mesmo antes de tudo isso acontecer, algo sempre queimou no meu coração: **transformar vidas**. Sou melancólica, e esse temperamento busca "controle" em tudo com o máximo de detalhes e perfeição possível. No entanto, esqueci que meu passado, presente e futuro já tinham um dono. Assim, vivi longos anos escondendo o "controle remoto" como uma criança que não queria desligar a TV pra fazer a lição de casa. Carreguei comigo muita ansiedade, um episódio de depressão e uma visão distorcida da minha identidade em Deus.

Tudo começa no fundamento, a família e a maternidade são fundamentos. Tenho visto um lindo movimento dos céus, de mulheres anônimas a grandes influenciadoras, transformadas pelo Espírito Santo e despertadas para essa verdade, suas vendas espirituais estão caindo para enxergarem seu honroso papel de ser mãe e esposa. Revisando minha história, vejo que as grandes viradas de chave da minha vida coincidiram com o nascimento dos meus filhos. Existem muitas coisas ensináveis em nossa jornada, mas poucas coisas são tão autodidatas como a maternidade. Assim como cada bebê é único, o nascimento de uma mãe também é. Ainda que você faça cursos sobre ser mãe, tenha rede de apoio e se prepare, entenda: **a maternidade quebra você**.

É na maternidade que o vaso é quebrado e refeito nas mãos do oleiro. É através dEle e somente nEle que somos reconstruídas para armazenar o vinho novo que será derramado sobre nossos filhos. Você, mulher, recebeu o presente e a grande responsabilidade de plantar princípios e moldar o coração do futuro marido ou esposa de alguém, que será pai ou mãe de alguém. O(a) dono(a) dessas mãozinhas que hoje abraçam suas pernas e chamam sua atenção será o sacerdote de uma próxima família ou a esposa virtuosa que precisará construir um lar de amor para seus netos.

Sonhamos com muitas coisas para nossos filhos, em suas vidas profissionais e eclesiásticas, mas não esqueçamos que, antes de tudo, eles são o que Deus os chamou para ser. E, sim, muitas vozes tentarão convencê-la de que isso não é importante ou é pouco valorizado. Mas a família é a rocha segura que vai sustentar um ministério ou aquele maravilhoso emprego, e o mundo insiste em inverter essa ordem.

Seus filhos não impedem você de cumprir seu chamado, seus filhos são o chamado.

Já viu o ultrassom de uma mulher grávida? A impressão é só o retrato de dentro, exatamente daquilo que ela carrega dentro de si: um bebê. Deus fala comigo que, dessa mesma forma, as crianças e os jovens perdidos imprimem aquilo que existe dentro deles: o vazio de mães ausentes, a angústia e as dores da falta de uma base familiar equilibrada. Como especialista em comportamento humano, afirmo: a mãe é a base de todos os relacionamentos na vida adulta. Lembra das bagagens de Deus?

Então pergunto, irmã: Que bagagens você tem colocado no coração do seu filho? Que ferramentas você tem dado a ele para enfrentar situações na vida adulta? A sua função, o seu chamado, ninguém pode fazer por você.

Comecei a trabalhar muito cedo, e mesmo trabalhando muito e com todas as minhas mazelas já expostas aqui, sempre fui dedicada aos meus filhos e nunca aceitei essa mentira contada pelo mundo. Algo que sempre pulsou dentro de mim foi a minha maternidade, por isso recusei diversas oportunidades de alavancar a carreira sem nenhum pesar, pois meu coração nunca esteve lá. Minha prioridade sempre foi minha família, e claro que a sociedade não está pronta para entender mulheres que se posicionam assim.

Após a pandemia, eu voltei diferente. O Espírito Santo me confrontou **todos** os dias e parecia não existir outro lugar no mundo que eu me encaixasse, que não fosse dentro da minha casa. Nesse período, nosso filho mais velho foi diagnosticado autista nível 1. Buscamos respostas por anos, que só chegaram quando ele completou 9 anos.

No dia do diagnóstico, voltei dirigindo com ele no banco de trás e chorei todo o caminho, não pelo diagnóstico, mas pela culpa. Ele chegou ao laudo com depressão, após longos anos de incompreensão.

Todas as cenas difíceis da infância dele passaram como um filme na minha cabeça, me acusando e me matando. Recolhi meus cacos, porque precisava seguir, e vimos o diagnóstico como um alívio dos céus: agora sabíamos como ajudar nosso menino. Junto com nossos familiares, mudamos todo o ambiente para regulação emocional dele e arregaçamos as mangas, garantindo o necessário para que ele ficasse bem.

Mas, honestamente... por dentro, eu ainda não conseguia me perdoar. Como já disse, sempre exerci controle exagerado sobre tudo, então como uma mãe tão dedicada "perdeu o controle" disso? Não lido bem com mudanças, então levei um tempo para entender que eu estava passando por um processo profundo de cura.

Minha cura só começou a ser aparente em 2023, quando dei voz àquela pergunta: "Que marca você quer deixar no mundo?". Mas, em paralelo, entendi que precisava mudar minha mentalidade e buscar autoconhecimento. Eu precisava estar bem para meus filhos e entender meus conflitos internos. Foi então que mergulhei no desenvolvimento pessoal e me apaixonei.

"Talvez Deus soubesse que você precisava dele". Essa foi a frase dita pela minha psicóloga, no início da minha jornada. A culpa me consumiu até eu entender que ele foi instrumento de Deus nessa terra para me curar e hoje me emociona muito constatar que **meu filho me curou**.

Nesse processo, fui mentoreada pela Pra. Viviane Martinello e pela Fabíola Lacerda, essenciais para meu desenvolvimento. Em meados de 2024, decidi fazer a formação em Comportamento Humano e durante uma aula que falava de feridas emocionais e uma aula da Pra. Viviane sobre maternidade, fui tocada pelo Senhor. Terminei as aulas em prantos, e de uma forma sobrenatural o Espírito Santo revelou a resposta para minha busca: meu propósito.

Naquela manhã, senti Sua presença real e palpável. Ele trouxe à minha memória todas as palavras recebidas naquele último ano, inclusive um sonho que tive meses antes sobre dores emocionais de mulheres, e ministrou fortemente ao meu coração sobre ter uma base forte para construção de algo grande, uma nova casa, e por isso eu estava sendo reconstruída. E então, Ele concluiu com Josué 1:9: "Seja forte e corajosa".

Eu passei muito tempo procurando no que eu era boa e como transformar vidas, até que, naquela manhã, olhei ao meu redor e vi: **o que eu tinha de melhor era ser mãe**.

Eu amo ser mãe e sempre soube que essa é minha maior missão na terra. Acredito de todo o meu coração que toda mãe carrega uma força que nem ela mesma conhece. Nós, mães, nos perdemos de nós mesmas em meio a tantos desafios da maternidade, camuflamos nossas dores e nos anulamos por amor. Nós nos calamos, nos escondemos e esquecemos quem realmente somos.

Eu já fui essa mulher, mas descobri que precisava colocar minha máscara de oxigênio primeiro, para depois salvar meu filho. Descobri que minha culpa por não ser perfeita também era meu chamado. Encontrei o lugar onde me encaixo no mundo, porque acredito de verdade que uma mulher é Deus para seus filhos na terra! A mulher é a coluna do lar, e uma mulher curada é instrumento de Deus para curar e levantar outras mulheres e mães, que juntas podem transformar uma geração.

Deus deseja tocar as nossas crianças, mas eu lhe pergunto: **onde estão as mães dessa geração?** Muitas estão escondidas atrás de sorrisos doentes e exaustos, tentando curar suas próprias feridas enquanto ferem seus filhos, como eu fiz no passado.

Fui curada da minha necessidade de controle e chamada para cuidar emocionalmente de mães e mulheres que serão futuras mães. Hoje, conduzo mulheres à cura emocional, ajudando-as a vasculhar traumas e bloqueios que as levaram a uma vida adulta cheia de dores e perguntas sem respostas. Por meio da análise comportamental e identificação de feridas emocionais, podemos juntas, encontrar o caminho de volta para o coração de Deus e então liberar cura nessa geração.

Fica a reflexão: o que seus filhos herdarão de você? Vamos juntas?

BIBLIOGRAFIA

BÍBLIA SAGRADA. Nova Versão Transformadora (NVT). Disponível em: https://www.bibliaonline.com.br/nvt. Acesso em: 22 mar. 2025.

"Seus filhos não a impedem de exercer seu chamado. Seus filhos são o chamado."

Patrícia Abreu

Pollyanna Sousa

Sou Pollyanna Sousa, natural de São Luís/MA, onde resido com minha amada família: meu esposo, Pr. Aurélio Sousa, com quem sou casada há dezoito anos, meu melhor amigo e companheiro de vida.

Sou pastora da Igreja Missão Ágape, bancária, escritora, palestrante, mentora de mulheres. Idealizadora do Projeto de Mulheres, ativo há mais de dez anos — Pra Elas: Mulheres Vivendo seu Propósito com Deus. Ministra do Evangelho, seguindo minha missão com amor em levar a Palavra de Deus aos corações, essa mensagem que cura, salva, liberta e transforma.

Estou vivendo intensamente meu chamado e meu propósito, levantando e despertando mulheres, com o conhecimento que transformou minha vida e me reposicionou a viver a vontade de Deus e o seu reino.

praelas_ejesus

+55 (98) 98702-7001

pollycpss22@gmail.com

MULHERES COM UM CHAMADO

VOLUME 3

SOMOS MULHERES IMPARÁVEIS

26

Pollyanna Sousa

Nosso ponto de partida é compreender que nunca foi sobre nós, que tudo é por Ele e para Ele todas as coisas. Ao nosso Senhor Jesus Salvador.

Quando essa revelação chegou ao meu coração, passei a entender que todas nós temos um chamado, todas temos um propósito. Logo em minha adolescência, quando aceitei Jesus, meu coração queimava pelas coisas de Deus, minha busca era intensa, passei a amar as pessoas com amor do tipo de Deus, em especial pelas mulheres. Sempre tinha alguma amiga próxima, irmãs, pessoas conhecidas que se aproximavam e ali percebia que era oportunidade de levar a Palavra de Deus aos corações delas.

Não importava o que cada uma de nós pudéssemos passar, pois em meu coração vinha uma clareza que Jesus sempre tinha a resposta certa para tudo que precisássemos. Sua palavra é viva e poderosa para transformar nossas vidas, resgatar nossa identidade e nos reconstruir em seu amor. A forma de Deus nos agraciar com a sua Palavra nos fazia encontrar forças e restauração, e, quando percebi, me vi cuidando de mulheres, e o resultado era extraordinário pelos seus testemunhos e mudanças de vida.

Esse meu despertar começou desde a adolescência. Passei pela juventude até chegar ao pastoreado, e com a graça de Deus já faz mais de vinte anos, ativando mulheres no Reino de Deus. Não foi fácil nosso processo, mas com perseverança e obediência rompi com todas as minhas dificuldades, exercendo meu chamado na vida de muitas mulheres.

Com o passar do tempo, o inimigo das nossas almas começou a investir em mim com pensamentos de incapacidade, medo e insegurança por eu ser uma jovem, passei a dizer que não seria capaz, então veio uma multidão de incertezas, desafios, e muitas barreiras para que tudo pudesse me paralisar. O medo por muitas vezes quis silenciar minha voz, paralisar meu propósito.

Ao longo dessa jornada do pastoreado, houve desafios e circunstâncias que vieram tanto a mim quanto ao meu esposo, como mentiras, traições de pessoas bem próximas a nós, levantes diretamente no nosso chamado para nos fazer parar e desestabilizar o nosso propósito com Deus. Víamo-nos cercados por tamanhas frustrações e, ao ver meu esposo por muitas vezes abatido, triste e até mesmo desanimado para prosseguir, percebi que a tristeza estava tomando espaço em nossos corações. Mas durante esse processo nunca deixamos de buscar as direções de Deus; mesmo no meio de tudo que estava acontecendo — dores, noites mal dormidas e até mesmo desânimo —, nunca nos sentíamos desamparados pelo Senhor.

Foi então que chegou ao meu coração uma revelação que mudou tudo, algo que impactou minha vida e o Senhor trouxe a resposta: "Você é uma mulher imparável, seu propósito é maior que todo esse processo", e debaixo dessa palavra tomamos a direção para prosseguir crendo que os planos de Deus são maiores que os nossos. Até então, com o passar do tempo, muitas confirmações da parte de Deus me reposicionaram ao meu chamado. De fato, pus meus pés nas águas e tomei atitudes que me fizeram ter o respaldo de Deus para agir e enfrentar toda a oposição ao meu redor.

O que Deus espera de cada uma de nós é vivermos na sua dependência, confiando e obedecendo à sua voz, pois diante da caminhada podemos até passar por circunstâncias, mas se verdadeiramente repousarmos nos braços do Pai, todo medo, fraqueza e até mesmo o desânimo não poderão parar o que Deus nos chamou para fazer e ser. As distrações não roubavam mais o meu propósito, me firmei na Palavra, me tornei ousada em Cristo. O amor de Deus é geracional em nós e com esse reflexo de obedecer ao Pai somos ativadas em nossos corações; devemos nos desprender e prosseguir na força do Espírito Santo.

Compartilhar minhas experiências de superação e rompimentos é algo enriquecedor que vai encorajá-la a nunca desistir e paralisar o que você, mulher, nasceu para ser. Tudo pelo que passamos e o que enfrentamos gera em nós um amadurecimento e reposiciona nossas vidas aos planos de Deus. Hoje percebo, por meio da minha intimidade com Deus, que todas as intimidações não me cansaram na jornada, mas me prepararam para prosseguir. Cada processo impulsionou meu coração a viver o chamado de Deus em despertar, levantar, encorajar e honrar mulheres; embora eu precisasse crescer em Deus em muitas áreas, pude entender que parada não poderia produzir nada, por isso me coloquei em movimento pela voz do Espírito Santo de Deus, e isso foi libertador.

Com o nosso posicionamento, Deus cura nossos corações nos faz provar do sobrenatural através da liberdade que damos a Ele. Isso nos torna mulheres imparáveis. Embora haja circunstâncias, desafios, barreiras e até mesmo um passado que precisou ser reconstruído, move em nós o propósito de não parar, de não nos conter, prender ou reter o que somos e temos. E o que aprendemos faz toda diferença no que vamos fazer sobre nossas escolhas.

Eu escolhi prosseguir, mudar cenários desfavoráveis com minha fé e ousadia diante dos obstáculos vividos. Recuar e parar nunca foi minha escolha, pois precisamos discernir que o nosso propósito é muito maior que todas as nossas dores, frustrações e medos. A capacidade da dependência em Deus revela em nós um caráter de força e profundidade, diante do propósito que está posto a todas nós.

Eu acredito nessa geração de mulheres guiadas pelo Espírito Santo de Deus, cuja identidade foi reconstruída como filhas remidas pelo amor do Pai. Mulheres profundas vivendo não no seu passado, mas nas revelações dos propósitos de Deus para o seu destino.

Há um versículo que fala muito forte ao meu coração e se encontra em Jeremias 12:5: "Se você correu com homens e eles o cansaram, como pode competir com cavalos?". Ele nos ensina muito e como foi um avivamento dentro de mim, pois compreendo que todas nós temos tantas e inúmeras batalhas, mas todas já estão vencidas por meio de Cristo Jesus. Nosso foco deve estar primeiramente em Deus; o Senhor reconhece cada segundo das nossas vidas e o confiar nEle leva ao descanso, onde não existe embaraços e também cansaço desnecessários. Devemos concentrar nossas energias naquilo que traz respostas, no

Deus da sua salvação. Então você passará a entender que todo cansaço vem para paralisá-la e fazê-la retroceder. Ao discernir isso, você passará a viver muitos desafios, mas de uma forma leve, em que o cansaço não se tornará mais uma distração, e assim viveremos os planos de Deus, que são maiores que os nossos.

Porque o Senhor confia em nós e isso nos torna mulheres ousadas a serem conduzidas a descansar nEle. O cansaço não lhe roubará mais, pois suas raízes nessa construção não são expostas, e sim profundas, para você ter estabilidade de viver seu destino como filha, honrando e inspirando gerações, sendo reflexo de Deus no amor, no servir e no impactar vidas, seguindo nosso maior exemplo, que é Cristo.

Nesse meu processo com Cristo, foi necessário vencer por dentro, na mente e nas emoções. Só assim eu pude ter os ajustes necessários de crescimento em minha vida, que transformaram minhas fraquezas em força.

Buscando ao Senhor por direcionamento, Ele ministrou ao meu coração que estamos em um tempo de aceleração, velocidade, mas não de qualquer jeito e nem de qualquer forma, e sim sempre buscando sabedoria e sendo constantes sobre a direção do Espírito para não realizar nada na força do braço ou da vontade humana, temendo a Deus em todo nosso processo.

Creio que Deus tenha ungido mulheres comuns para uma obra sobrenatural. Debaixo da inspiração divina elas se tornam fortalezas; ou seja, nas mãos do Espírito Santo, a pequena pedra de Davi derrubou um gigante, e uma simples mulher pode transformar tudo com a sua autoridade no Senhor, quando ela decide se posicionar e não fugir do seu propósito.

Lembre-se: seja nas dores, nos traumas e até no cotidiano, a presença do *Abba* fortalece nossos dias; nEle somos mulheres fontes, e nessa fonte está a força necessária para nunca desistirmos. O Senhor renova nossas forças e nos dá esperança, trazendo cura para as feridas mais profundas que possam existir, porque todo nosso processo gera amadurecimento. Nada do que passamos ou vivemos é sem propósito; ou seja, por suas escolhas assertivas ou erradas temos a liberdade de colher o que plantamos.

Por isso, precisamos correr nossa carreira da fé, por mais que o medo, o choro, a luta ou a própria vontade de desistir venham, não lhe faltará graça, o favor de Deus que a capacita, que lhe traz alívio e conforto para conquistar. Viva o seu propósito, se ame e aceite os planos de Deus para sua vida. Assim como Paulo diz nas escrituras: "Não vivo mais eu, mas Cristo vive em mim" (Gl 2:20). Isso é abraçar os planos de Deus e viver para Cristo, que sempre será uma plataforma segura para o seu crescimento.

Hoje posso dizer que aprendi (e como aprendi!) a depender de Deus para ser a mulher que eu sou, e uma chave poderosa que me tornou imparável foi a oração. A sinceridade do meu coração para o coração de Deus, posta inúmeras vezes aos pés de Jesus, colocando em prática aquele que é o meu socorro bem presente, e a instrução é em todo tempo orar; se estiver sofrendo, ore; se tiver feliz, ore; com lutas ou alegrias, a mulher imparável sabe onde parar, em qual fonte buscar e o lugar de descansar.

Quero viver meu propósito com perseverança, queimando dentro de mim a cada dia, passando por todos os processos e exercendo minha autoridade em Deus. Sendo uma mulher necessária, não desperdiçando o tempo oportuno, mas produzido no Reino de Deus o bom perfume de Cristo em outras mulheres, exercendo meu chamado com honra, originalidade e unção.

Porque desistir nunca será nossa escolha. Caminhar com perseverança nos fará alcançar, conquistar territórios, ganhar vidas e cumprir nosso propósito, crendo que os planos de Deus sempre serão melhores que os nossos planos. Deus nunca esgota o que Ele tem para nós. Seu propósito continua se revelando por meio do seu amor e a construção que Ele começou em nossas vidas ainda tem muitos capítulos a serem escritos. Corramos nossa jornada, impactando gerações, ativando propósitos e firmando vidas para a Glória de Deus.

"Alegrai-vos na esperança, sedes paciente na tribulação e perseverai na oração" (Rm 12:12).

BIBLIOGRAFIA

BÍBLIA SAGRADA. King James Atualizada (KJA). Rio de Janeiro: Art Gospel, 2020.

"Uma mulher cheia
do Espírito Santo é
imparável. Ninguém
ousa detê-la quando
ela decide
realizar algo."

Pollyanna Sousa

Sandra Silva

Olá! Eu me chamo Sandra da Silva Nascimento, tenho 37 anos, sou natural de São Luís do Maranhão, mas moro em Cuiabá/MT. Filha de Francisca, sou casada com Elizio Dias há 25 anos, e temos um filho, Luiz Gustavo.

Sou do ministério Igreja Profética Casa do Avivamento, onde eu e meu esposo somos pastores auxiliares, liderados pelos pastores Bispo Dhyego Santos e Dayane.

Faço parte do projeto + Amigas, junto com minha amiga missionária Lina Helenita, e minha pastora e amiga, que é idealizadora do projeto, Dayane. O intuito desse projeto é acolher mulheres improváveis assim como eu e ganhar almas para o Salvador, as despertando para viver seu chamado.

Venci os meus traumas e hoje Deus me levantou para levantar outras mulheres.

Uma mulher que tem chamado se torna ponte na vida de outras mulheres.

pr.sandrasilva.n07

+55 (65) 99213-8156

silvasandran327@gmail.com

Pra. Sandra Silva

DA REJEIÇÃO AO CHAMADO

27

Sandra Silva

Cresci em um lar todo desestruturado, sem a presença do meu pai, e isso marcou minha infância. Aos três meses de vida, meu pai abandonou minha mãe então fomos morar com meus avós. Nunca o conheci; minha mãe trabalhava muito, então minha avó materna me criou.

Crescer sem uma figura paterna deixou marcas profundas em mim, e ao longo dos anos tive que ser curada e tratada da rejeição; como eu morava com meus avós, eu tinha meu avô como pai, mas com o tempo fui entendendo que fui abandonada pelo meu pai, e isso me aprisionou por muito tempo. Não tive carinho, não me lembro de um abraço, até mesmo de um "filha, te amo", nunca ouvi essa frase na minha infância. Eu não tive uma infância igual a das outras crianças, de ter amiguinhos para brincar das coisas que criança da minha idade faziam na época; minha avó sempre foi muita rígida.

Nunca me senti amada na infância, fui crescendo cheia de dores, traumas, passei por abusos físicos e psicológicos; sempre me senti inferior, fui me tornando uma adolescente sem opinião e sem identidade. Conheci o álcool muito cedo, eu sempre quis preencher o vazio que eu sentia. Hoje eu entendo que esse vazio era a rejeição e a falta de paternidade que eu não tive.

Desde muito nova eu falava: "Quando eu crescer, vou me casar e ter meus filhos, e eles não vão passar isso que eu passei". Eu queria me casar para me sentir livre, pois me sentia prisioneira das minhas próprias emoções; amadureci muito cedo, então esse era meu pensamento.

Foi então que conheci meu esposo quando eu tinha 13 anos e ele, 19; namoramos escondido por medo da minha avó não aceitar nosso relacionamento, mas depois ela aceitou, então namoramos por seis meses e fomos morar juntos. Eu me senti livre, mas não sabia como seria uma vida de casada, pois eu era uma criança que só queria se sentir amada e cuidada; não importavam as consequências que, com o tempo, começaram a aparecer.

Nos separamos algumas vezes por falta de maturidade, por sermos muito novos. As brigas e os desentendimentos eram constantes; por mais que eu amasse meu esposo, tinha um vazio que eu carregava causado pela rejeição e pela falta de paternidade; mas hoje eu sei que só quem tem esse poder de preencher é Jesus somente ele pode curar nossos traumas do passado e preencher o vazio do nosso coração.

Quando estávamos com dez anos de casados, já tínhamos nosso filho e íamos para terceira separação. Meu esposo sofreu um acidente de moto, mas com esse acidente eu conheci Jesus; mal sabia eu que Deus tinha um chamado para mim naquele momento. Quando eu pensei que estava tudo acabado, Deus só estava escrevendo uma nova história na nossas vidas.

Jó 42:2 diz: “Bem sei eu que tudo podes; e nenhum do dos teus pensamentos podem ser impedidos”. Nenhum dos planos do Senhor podem ser impedidos na nossa vida, a Bíblia é bem clara em nos dizer isso. Foi então que recebi o convite de uma amiga para ir ao culto e algo dentro de mim me impulsionou a ir — já era o Espírito Santo me convidando a conhecê-lo. Naquele dia que fui ao culto, eu me derramei na presença de Jesus, senti algo diferente dentro de mim; não saía nem uma palavra, somente lágrimas de desespero, de angústia e de dor; eu estava no ambiente certo, com a pessoa certa que iria transformar a minha dor em testemunho, pois tudo que passamos é permissão dEle.

A partir daquele dia, Deus escreveu uma nova história na minha família. Não importa como você chega diante de Jesus, ou qual é a sua dor, Ele sempre tem a cura de que precisamos. Continuei indo aos cultos, e em alguns meses meus esposo passou a ir também, mesmo com suas debilidades, pois o acidente o deixou em uma cadeira de rodas; mas em tudo há um propósito e eu creio em um Deus que faz milagres, que a qualquer momento pode levantá-lo dessa cadeira, porque Ele ainda continua fazendo milagres.

A cada ida aos cultos, Deus fazia algo dentro de nós; não só em mim, mas em meu esposo também, porque tudo que Jesus faz é por completo. Foi então que passei a ter sede pela presença dEle; não me importava o cenário de dor pelo qual eu estava passando naquele momento por conta do acidente que levou meu esposo a ficar em uma cadeira de rodas, ou os traumas que eu já tinha vivido, eu só queria me aprofundar e conhecer cada vez mais Jesus.

Eu me permiti passar por todos os processos, deixei Deus curar minhas feridas e me libertar do meu passado para viver meu chamado por completo. Saiba que seu testemunho irá curar outras mulheres; em nome de Jesus, todas as vozes contrárias que tentam paralisá-la sejam repreendidas pelo poder do nome de Jesus. Sua história servirá de cura para que outras mulheres sejam libertas de prisões, assim como eu fui; sua dor será transformada em testemunho. Permita ser desconstruída para ser reconstruída e então viver seu chamado.

Um dia Jesus me disse: "Eu vou te desconstruir para te reconstruir", foi então que ele começou a obra em mim. A Bíblia diz em Filipenses 1:6: "Tendo por certo isto mesmo; que aquele que começou a boa obra aperfeiçoará até o dia de Jesus Cristo". Ele foi me curando de toda raiz de rejeição, abandono e todas as dores que eu carreguei durante minha vida.

Não deixe que as marcas do passado roubem o que Deus tem preparado para você; saiba que você nasceu para um propósito e satanás não vai paralisá-la. Uma mulher reconstruída por Deus sabe sua verdadeira identidade de filha, e quando temos essa convicção, o inimigo não tem o poder de nos aprisionar com nosso passado. Quando eu descobri minha verdadeira identidade, comecei a viver as coisas novas que Deus já tinha reservado para mim.

No momento em que eu entreguei verdadeiramente meu coração para Jesus, Ele foi fazendo de mim um vaso novo e ressignificando a minha história. A cada dia que eu me aprofundava, ia conhecendo um Deus que já me conhecia desde o ventre da minha mãe, já tinha escrito a minha história; a menina que foi rejeitada desde a infância estava conhecendo um Pai que nunca a abandonou. Nos meus dias nublados, ele estava lá; nos dias chuvosos, ele estava lá; nos dia de sol, ele também estava lá, como um pai cuidando de uma filha. Se você está neste momento se sentindo rejeitada, pensando que sua vida é um fracasso, saiba que você tem um pai que nunca a abandonou; nos seus piores dias, Ele estava lá com você, seu *Abba* Pai.

À medida que eu me aproximava de Jesus, ele ia me curando e me transformando para viver meu chamado. Lembre-se, mulher, para viver seu chamado sempre, você vai ter um testemunho para poder ter autoridade para ministrar a outras mulheres. Uma mulher para viver o chamado precisa ser moldada e lapidada por Deus. Foi aí que Deus começou a trabalhar de dentro para fora; precisamos deixá-Lo trabalhar dentro de nós e curar nossas feridas.

O vaso precisa ser amassado e moldado, tirando todas as impurezas, para então ficar em destaque; o processo dói, mas cura; nesse trabalhar de Deus, Ele foi me curando da rejeição, da falta de paternidade, dos abusos e de todos os traumas do passado que não me permitiam viver o novo de Deus. Ele foi me curando de toda raiz de rejeição, abandono e todas as dores que eu carreguei durante minha vida. Como um vaso na mão do oleiro, eu estava sendo moldada todos os dias. A transformação de dentro para fora dói, o crescimento causa dor, mas também te cura; e por meio da nossa cura outras mulheres são curadas para viver o novo de Deus.

No meio dessa desconstrução eu aprendi a ser dependente de Deus e me permiti ser curada para viver meu chamado. Uma mulher reconstruída por Deus sabe sua verdadeira identidade de filha; ninguém para uma mulher que é levantada por Deus. Muitas vezes, na minha caminhada, quando eu não conhecia minha identidade de filha, pessoas quiseram me parar, pois não acreditavam no meu chamado; eu quero lhe dizer que sempre vai haver pessoas que não vão acreditar em você, na unção que você carrega; elas podem até estar do seu lado, mas não ficam por muito tempo; mas continue, quem a escolheu acredita e lhe dá capacidade para viver seu chamado. Mas também Jesus vai lhe apresentar mulheres que acreditam no que você carrega, que já passaram pelas mesmas dores que você e sempre vão impulsioná-la para viver o novo de Deus.

Não posso deixar de expressar a minha gratidão, com lágrimas nos meu olhos, por ter uma amiga que sempre me impulsiona a viver o meu propósito. Estou aqui falando da minha querida amiga, pra. Dayane, que sempre me impulsiona a viver o novo de Deus. É por isso e pela promessa de Deus que estou aqui, fazendo parte deste livro; obrigada por ser leal e estar ao meu lado sempre.

Eu me permiti passar por todos os processos, deixei Deus curar minhas feridas e me libertar do meu passado para viver meu chamado por completo; satanás sempre vai querer lembrar seu passado para que você não consiga viver o novo de Deus. A partir de agora, levante-se de onde você está; seu passado não vai roubar o que Deus tem preparado para você; se for possível, ele constrói um caminho novo para você viver seu chamado, assim como fez comigo.

Hoje, eu e meu esposo somos pastores; Jesus restaurou meu casamento, apagou meu passado de dor e fez uma nova história em nossas vidas; com autoridade de Deus, eu ministro na sua vida que a rejeição e a falta de paternidade não paralisam uma mulher que tem um chamado do Céu. Ninguém para uma mulher que tem uma identidade restaurada; ela se transforma em ponte para outras mulheres alcançarem seu chamado.

BIBLIOGRAFIA

BÍBLIA SAGRADA. Tradução de João Ferreira de Almeida. 4. ed. rev. e ampl. São Paulo: Sociedade Bíblica do Brasil, 2009.

“Ninguém para uma
mulher que tem
uma identidade
restaurada; ela se
torna ponte para
outras mulheres
alcançarem
seu chamado.”

Sandra Silva

Sheila Estrela

Pastora Sheila Estrela é uma serva que ouviu o chamado do Senhor na sua adolescência e, desde então, busca servir ao Senhor de todo coração. Filha de intercessora, acredita que milagres são estabelecidos por meio da oração e aceitou o chamado do Pai para criar o projeto Mães Intercessoras, no qual, junto a outras mães, decide, mediante a oração profética, um futuro vitorioso para seus filhos.

Apaixonada por ajudar mulheres, tem compartilhado o seu testemunho de cura e restauração após um doloroso divórcio.

Hoje, aos 45 anos, casada com o pastor Alexandre e mãe de João Samuel e de Sarah, vive a glória da segunda casa.

Graduada em Letras com Inglês e estudante de Psicanálise, também é mobilizadora do projeto Pastoras em Unidade em sua cidade, em que pastoras se reúnem para edificação mútua.

eusouintercessora

MULHERES COM UM CHAMADO

VOLUME 3

NINGUÉM ESCONDE UMA MULHER RESTAURADA POR DEUS

28

Sheila Estrela

Comecei a ter experiências em Deus ainda criança, quando minha mãe conheceu a Cristo. Meu pai era um homem trabalhador e querido, porém não sabia como cuidar de um lar. Minha mãe, uma mulher bonita, habilidosa e inteligente, porém amarga, cheia de traumas e rejeições. Meu pai foi morar em outra cidade, agravando as dores da minha mãe, que proferia palavras acusadoras, trazendo culpa ao meu coração, tornando-me uma criança de emoções feridas.

A ausência do meu pai nos fez padecer em necessidades básicas, e eram nossos tios que nos proporcionavam alguns momentos de lazer na infância. Nos primeiros anos escolares, não houve episódios vexatórios. Lembro-me apenas da ausência dos meus pais em comemorações. Mas a mudança para uma nova escola, distante de casa, levou-me a fazer caminhadas solitárias, expondo-me aos perigos das ruas desertas, e a viver momentos constrangedores, como ser tirada da sala de aula nas avaliações por inadimplência. Eu nunca tinha dinheiro para o lanche, e nem sempre alguém me oferecia um biscoito. Eu não tinha ajuda para as tarefas escolares, não alcançava boas notas e os professores constrangiam os alunos, sem temerem punições.

O início da adolescência foi devastador para as minhas pueris emoções. Eu não recebi os devidos cuidados e orientações sobre higiene bucal e corporal. Estava sempre descabelada, tinha uma sudorese incômoda e frequentes cáries. Também aconteceu o falecimento do meu avô paterno, e foi na noite do falecimento dele que conheci a dor do abuso, ao dormir na casa de parentes.

Em busca de ser feliz, minha mãe afastou-se do Evangelho e foi para uma seita oriental. Ela também decidiu viver novos relacionamentos, sofrendo situações abusivas e afrontosas para toda família, que a fizeram buscar socorro novamente no Evangelho.

Mudança de sorte

Na adolescência, sentia-me rejeitada e solitária. Mas na minha constante busca pelo Espírito Santo, o Senhor mudou a minha sorte e transformou o meu coração ferido em perdoador. Fui libertada de todo desejo de vingança e traumas, recebendo unção, autoridade e poder para pregar a Palavra.

Aos 16 anos, decidi dar os meus jovens anos ao Deus da minha salvação, e Ele me deu o sonho de ser missionária; comecei a orar para me casar com alguém que sonhasse com o pastoreio. E, aos 17 anos, comecei a namorar um jovem de coração quebrantado e cheio de sonhos no Senhor. Congregávamos em uma grande igreja, com jovens consolidados. Éramos pastoreados por um casal, que formou muitos líderes dessa geração. Dirigíamos grupos caseiros, ministrávamos a Palavra e servíamos no diaconato ainda solteiros. Concluímos o Ensino Médio e entramos na universidade por desejo dos nossos pais, pois nosso coração ardia por almas; logo começamos a trabalhar em nossa área profissional e nos tornamos prósperos.

Graduada e concursada, eu entendia que deveríamos nos casar, pois o casamento era o grande desejo das moças da igreja. Então, com sete anos e oito meses de namoro, aconteceu o dia tão esperado. A cerimônia de casamento foi incrível. Só o grande Autor da vida poderia escrever um dia tão lindo como aquele. Foi um marco em minha vida e na minha família, pois outras bençãos e vitórias foram liberadas naquele lugar. Foi um culto de casamento comentadíssimo, pela presença do doce Espírito Santo. A viagem de lua de mel foi maravilhosa, muito mais do que pedimos ou pensamos. A nossa boca se encheu de riso, pois o nosso Deus nos presenteou com maravilhas do Céu.

Agora o meu testemunho estava completo. Proclamei que nunca mais choraria o choro do desespero, porque o Senhor havia mudado a minha sorte. Deus curou a minha alma, as minhas emoções, os meus sentimentos e a minha vida. Eu estava como quem sonha, vivendo milagres que foram gerados em oração. O Senhor enxugou dos meus olhos toda lágrima e restaurou a minha vida.

Durante esses anos que andei no Senhor, guardei em meu coração as Suas promessas, e na Sua Palavra estive firmada. Assegurei-me que pela Sua fidelidade chegaria o dia da minha redenção, o dia em que Deus curaria, por inteiro, a minha alma.

Novo deserto

A oração no culto do Réveillon daquele ano foi diferente, pois eu me sentia totalmente realizada pelas grandes conquistas alcançadas. Foi uma grande virada: a formatura, a casa própria, a vitória no concurso, o casamento, a compra do meu primeiro carro. E quando eu ainda estava ajoelhada, Deus ministrou ao meu coração que me levaria a um nível mais alto de intimidade com Ele.

Eu acreditava que agora, casados, viveríamos o ministério como sempre sonhamos, pois já éramos usados por Deus quando solteiros. Porém, com o passar do tempo, os anseios do coração daquele jovem não eram os mesmos, ele estava dedicado à sua vida profissional e cheio de novos sonhos que me entristeciam; porém, as promessas e profecias sobre o que Deus tinha para nós acalmavam a minha alma.

Certo dia, antes de completarmos dois anos de casados, voltando de uma viagem de trabalho, aquele jovem disse que seu coração não estava mais no casamento. No início, achei que seria apenas um tempo e que eu teria fé para suportar bravamente a espera, mas ele realmente resolveu viver como um jovem solteiro. Envolvido com novos amigos, suas saídas eram diárias, tornando sua permanência em casa terrivelmente dolorosa, até que decidiu ir embora.

Onde estavam as promessas? Como tudo acabaria assim? Em uma noite de lágrimas, ouvi a voz do Senhor dizendo: "Eu prefiro a dor de te ver chorando do que te perder". Deus não queria que o mundo seduzisse o meu coração. Deus estava operando quebrantamento em mim com o propósito de que eu voltasse a amá-lo como no início do chamado.

Aqueles dias não foram fáceis em vários sentidos. A nossa igreja estava enfrentando a separação dos pastores presidentes, abalando a fé de muitos. Mesmo fragilizada, permaneci firme, em campanhas e orações, crendo na restauração do meu casamento, acreditando que valia a pena, pois aquele jovem tinha qualidades que me trouxeram cura e alegrias. Ressalto que ele nunca foi grosseiro ou mentiroso, nem mesmo no processo de separação.

Comecei a escrever um diário intitulado "Confissões de uma esposa", onde eu registrava o cotidiano. Aquelas páginas falavam de dores, mas também falavam de fé, milagres, orações respondidas, conversas com Deus e revelações do Senhor sobre o meu futuro.

Após três anos de espera, eu desisti de crer na restauração dessa aliança. Então comecei a dar importância aos conselhos de que eu não merecia essa dor e que a minha juventude logo teria fim. Esses comentários me fizeram sentir pena de mim mesma, a olhar-me no espelho e achar que estava perdendo tempo. A decepção tomou conta do meu ser, colocando a dor e a frustação no trono da minha vida. A minha alma estava solitária e comecei a concordar que merecia viver uma nova história.

Em íntimos pensamentos, achava-me mais justa que Deus e, depois de afrontar o Senhor com a minha justiça própria, entreguei a minha aliança no ofertório, iniciando um tumultuado relacionamento com um rapaz da igreja. O tempo inteiro eu entendia que aquela não era a vontade do Senhor para mim, e a desobediência trouxe consequências irreparáveis, mas Deus perdoou os meus pecados quando me arrependi de todo coração. As mesmas pessoas que me aconselharam a relacionar-me novamente, tornaram-se juízes da minha queda. Fui abandonada, ferida e maltratada, mas a Palavra do Senhor me sustentou.

Eu não poderia deixar que essa dor fosse o meu fim, mas com a Palavra de Deus que estava em mim, eu precisava vencer o inimigo. Eu chorei aos pés do Senhor e Ele me acalmou, dizendo que nunca desistiu de mim, que nunca me deixou sozinha e todo esse deserto era para que eu tivesse autoridade para ministrar libertação sobre mulheres em cativeiros, pois a Sua promessa estava de pé sobre a minha vida.

Eu devolvi ao Senhor o centro da minha vida, e tirei aquela dor do trono do meu coração. Aquele tempo não era para minha morte, aquele não era o meu fim. Não era porque eu estava abandonada pelo homem, que o Senhor tinha me abandonado.

Eu escolhi o perdão, eu escolhi deixar Deus ser juiz das injustiças, pois a vingança pertence ao Senhor (Rm 12:19), e trouxe à minha memória as curas que eu vivi no Senhor. Deus me disse: "Sheila, haverá o dia que a árvore verde se secará, e a árvore seca reverdecerá; haverá o dia que a arvore alta será rebaixada, e a árvore baixa será exaltada" (Ez 17:24).

A glória da segunda casa

Quando decidi deixar Deus conduzir os meus passos, um colega de trabalho recém-chegado e divorciado interessou-se por mim. Com receio, resisti por quase um ano, até que um dia o Senhor me fez entender que eu estava pronta para amá-lo e ser instrumento do Pai, para curar suas feridas e viver com ele os sonhos de Deus. Esse testemunho tem sido contado para exaltar o nome do Senhor. É uma boa história, com fatos engraçados e muito operar do Senhor.

Estamos casados há doze anos e vivo hoje o que sonhei desde a adolescência: ser pastora, esposa de pastor e ter um lar na presença do Pai, pois Deus continuou fiel em suas promessas e fez até o que eu não esperava mais. Temos dois tesouros preciosos: João Samuel e Sarah, pois o Senhor me disse: "Para que todos saibam que eu sou o Deus que causo a ferida e a faço sarar" (Dt 32:39).

O deserto e a dor não são para a morte, mas para que corações dependam totalmente do Senhor e entendam que, quando Deus escolhe alguém, o treinará para ser um cidadão do céu. O treinamento é doloroso, mas não durará para sempre, pois Deus tem um dia final para cada deserto.

Deus não abre mão do trono dos nossos corações, pois foi para a Sua glória que fomos criados. Então, quando no meio da caminhada deixamos de lado o propósito, Deus inicia o seu plano de resgate.

Muitas vezes, não entendemos os caminhos do Senhor para nos trazer de volta, mas a fé nos faz crer que o Senhor faz muito mais do que pedimos ou pensamos. Hoje, eu vivo o propósito de proclamar as maravilhas do Senhor, pois ninguém esconde uma mulher restaurada pelo poder de Deus.

BIBLIOGRAFIA

BÍBLIA SAGRADA. Bíblia Online (YouVersion). Disponível em: https://www.bible.com/. Acesso em: 31 mar. 2025.

“Ninguém esconde
uma mulher que foi
curada e restaurada
pelo Senhor. Ninguém
esconde uma
mulher que vive
um grande milagre.”

Sheila Estrela

Simoney Rocha

Eu me chamo Simoney Rocha, sou cristã, pertencente à Assembleia de Deus, missão no estado de Alagoas. Sou natural do Rio de Janeiro, resido em Maceió/AL, casada com Jairo Rocha, meu amado e companheiro de jornada; mãe de uma inestimável filha, Thayse Cortez, e vovó da preciosa netinha Liz Cortez.

Sou psicanalista clínica com base cristã, doutoranda em Psicanálise, teóloga, palestrante, me especializando em sexualidade, professora de E.B.D — Escola Bíblica Dominical, e escritora.

Neste capítulo, você conhecerá sucintamente a história de uma mulher serva e filha amada do Abba Pai, que enfrentou dores, rejeições, medos, inseguranças e crenças limitantes, mas que em Jesus Cristo encontrou amor, acolhimento e aceitação para viver o chamado, e gerou frutos para que vidas sejam transformadas.

simoneyrocha.psicanalista

smoney65@gmail.com

TRANSFORMADA POR MEIO DO PROCESSO PARA VIVER O CHAMADO

29

Simoney Rocha

Minhas caras e distintas leitoras, inicio, nas entrelinhas, fazendo-lhes algumas perguntas: vocês têm um chamado? Como vocês têm reagido diante do seu chamado? Com dúvida? Com medo?

No percurso de nossas vidas, passamos por situações desafiadoras, as quais nos trazem desconforto e insegurança. Em meio a essa dor, nossa fé é confrontada e desenvolvida, impulsionando-nos a recalcular nossa rota para um novo caminho, deixando para trás os nossos medos, nossas incertezas, nossas dúvidas e decepções, alicerçando-nos na sólida Palavra de Deus. É por meio de nossas dores que somos forjados e lapidados.

Para vivermos o chamado de Deus, é necessário estarmos alinhados ao Seu propósito. "Essas provações apenas põem à prova a fé que vocês têm, para verificar se ela é forte e pura ou não — e a fé que vocês têm é muito mais preciosa para Deus do que o simples ouro" (1 Pe 1:7).

Aqui, nesse versículo, o apóstolo Pedro contrapõe o viver da nossa fé ao processo de refinamento do ouro, o qual para ser purificado necessita ser passado pelo fogo, e, assim, retiradas todas as impurezas, o seu valor comercial é aumentado; semelhantemente, nossa fé é aperfeiçoada pelas provações e labutas diárias, as quais nos fortalece, removendo todas as nossas dúvidas e incertezas, fazendo-nos mais confiantes em Deus.

Rendendo-se ao processo para viver o chamado dentro dos propósitos de Deus

"Porque sou eu que conheço os planos que tenho para vocês, diz o Senhor, planos de fazê-los prosperar e não de causar dano, planos de dar a vocês esperança e um futuro" (Jr 29:11).

Convido-lhes, prezadas leitoras, a mergulhar um pouco em uma parte de minha história de vida, entendendo que mesmo em meio a um cenário desafiador, Deus tem um propósito definido a esse respeito, de sorte que, respeitando as nossas escolhas e atitudes, nos mostra quão grande e imenso é o seu amor para conosco, como também nos revela a sua glória e o seu eterno poder.

Minha história inicia-se na cidade do Rio de Janeiro, em 11 de novembro, quando veio ao mundo uma menina, que foi desenganada pela medicina devido sua mãe ter passado por uma gestação conturbada, pois no início dessa gestação, sem ter conhecimento de sua gravidez, fora submetido a um procedimento cirúrgico, complicado e de risco, para retirada de um cisto em seu útero. Contudo, a esse processo doloroso, continuou o tratamento, sendo medicada.

Decorridos alguns meses — os quais ela passou com dores, submetendo-se a exames, idas e vindas aos médicos, sendo que todos os meses com sua menstruação regular —, os médicos descobriram que minha mãe estava com 28 semanas de gestação, e devido a todo o procedimento realizado em seu útero, os médicos aconselharam aos meus pais que fizessem um aborto.

Para a medicina, devido todo o procedimento realizado, eu nasceria totalmente deformada, podendo até ter nascida sem vida. Semelhante procedimento abortivo, para os médicos, seria a melhor solução. Chegou o dia de meu nascimento e, tendo meus pais recusado o procedimento abortivo, para surpresa dos médicos, eu nasci **totalmente perfeita**, para alegria de meus genitores e glória a Deus.

Assim, Deus demonstrou para os médicos, através de minha vida, a Sua soberania, e que Ele é o dono da vida, estando acima de tudo e de todos. Destarte, os médicos não sabiam que antes mesmo de eu nascer, Deus tinha um propósito e chamado em minha vida.

"Eu sou Seu Criador. Você estava sob Meus cuidados mesmo antes de nascer" (Is 44:2).

Essa menina foi crescendo nos caminhos do Senhor. Filha de pastor, vivi em um contexto dentro dos princípios das Sagradas Escrituras.

Aos 17 anos, permiti-me desobedecer aos ensinamentos da Palavra; conheci uma pessoa que não professava a mesma fé que a minha e, por esse motivo, os meus pais não aprovavam tal relacionamento. Passados alguns anos, às duras penas, com essa mesma pessoa, Deus permitiu-me ser mãe.

No decorrer do tempo, esse relacionamento não deu certo, até porque não me casei, não recebendo a aprovação dos meus pais, o que grosso modo foi providencial para minha vida, pois meu pai acreditava que um dia Deus me concederia um esposo temente ao Senhor.

Abracei a maternidade sozinha, com os meus sonhos enterrados, enfrentando um turbilhão de adversidades e muitas dificuldades, cheia de traumas, enfrentado situações que pareciam insuperáveis, crendo que eu não seria mais útil para Deus por tê-lo desobedecido, e que os Seus planos não seriam mais cumpridos em minha vida. Todavia, apesar de minha descrença, ainda existiam os meus pais, que continuavam intercedendo por mim.

Desse modo, com o apoio de meus genitores, criei a minha filha, no temor e nos caminhos do Senhor. Ao longo dessa minha jornada de vida, recebi um outro impacto: meu progenitor foi vítima de um trágico acidente automobilístico, culminando em seu óbito. Em meio ao luto da partida de meu pai, instalou-se em meu coração um sentimento profundo de tristeza.

Transcorridos alguns anos, em meio a incertezas, inseguranças, dores, decepções, rejeições e lágrimas, ao cabo dessa fase desafiadora, enfrentei mais um processo traumático, resultando em algumas reações desagradáveis, sofrendo com vários sintomas dolorosos em meu corpo. Ao fim de dois anos, já em profundo estágio depressivo, por meio de um exame bem específico, obtivemos o diagnóstico: doença autoimune celíaca, o que me causou restrições alimentares a tudo que contenha glúten.

Outrossim, essa enfermidade me impossibilitou de frequentar certos lugares, limitando-me a uma vida social regrada. Submeti-me a um rígido tratamento em outro estado, com um especialista; entreguei-me a um processo de 21 dias de abstinência de alimentos sólidos, permitido apenas certa quantidade diária de água, chás e alguns tipos de sucos e às 18h somente um caldo verde.

Ademais, em meio a tantas experiências dolorosas pelas quais passei, tentando por muitas vezes desistir e fugir dos planos e propósitos de Deus em minha vida, comecei a vislumbrar que em todo o meu viver, a cada passo, a cada decisão, teria que estar sempre sob sua total dependência. Eu já havia perdido muito tempo, presa às amarras do meu triste passado; porém, em minha verdadeira essência, o que realmente aconteceu foi que eu estava sendo tratada, lapidada, para me encaixar no devido lugar, a saber, no centro da vontade de Deus.

Em todo esse tempo, ser-me-ia necessário passar por todo esse processo de transformação de caráter para viver Sua plenitude. Assim, entendi que eu não era definida por meus traumas e dores. Prostrando-me aos pés de Jesus, gerei fé em meu coração, que foi o combustível indispensável para uma nova tomada de decisão, atentando-me ao texto bíblico: "Não vos lembreis das coisas passadas, nem considereis as antigas... eis que farei uma coisa nova" (Is 43:18-19).

Assim percebemos que nossa vida, por mais que seja cheia de dificuldades e fraquezas, pode resultar em vitórias, culminando na cura por meio do poder transformador de Cristo. Desse modo, quando nos rendemos aos desígnios de Deus, com o coração contrito, encontramos no Senhor força, coragem e esperança. Logo, o mundo precisa saber que Jesus é o poder transformador, que cura, liberta; transforma e salva. Ele é o único e suficiente salvador, o único que preenche o vazio de nossa alma e traz refrigério para nosso coração.

Não fuja do seu chamado

Você já imaginou que é nas aflições que lhe causaram dor que Deus a capacitará? Fugir do chamado foi uma atitude do profeta Jonas: "Levanta-te, vai à grande cidade de Nínive, e clama contra ela" (Jn 1:2).

Fico a pensar: como foi desafiador para o profeta Jonas cumprir a ordenança de Deus, não obstante enfrentar os ninivitas — povo cruel, idólatra e desprovidos de misericórdia. Apesar de tudo, Deus em sua onisciência, sendo imperativo, lhe falou: "Dispõe-te e vai". Portanto, a vontade de Deus era que Jonas fosse capaz de se levantar, e com coragem cumprir tal missão desafiadora.

De modo que, em vários momentos de nossas vidas, nos comportamos como Jonas, Deus nos designa para uma missão, e devido ao medo e à insegurança, de pronto fugimos — dando desculpas. Olhe para o texto bíblico: "Por isso não temas, pois estou com você; não tenha medo, pois sou o seu Deus. Eu o fortalecerei e o ajudarei; Eu o segurarei com a minha mão direita vitoriosa" (Is 41:10).

Não temas: Deus está com você

Eu sou o seu Deus: Ele é nossa força, esperança e proteção.

Eu o fortalecerei: Ele nos ajuda e ampara.

Eu o ajudarei: Ele nos acode nos momentos de fraqueza e necessidades.

Eu o segurarei: Ele nos sustenta com seu braço forte em toda a nossa volta.

Assim sendo: não temas!

Do mesmo modo, Deus não quer que você se restrinja em apenas conhecer o seu propósito, mas que seja transformado para cumprir da melhor forma possível o seu Ide.

Assim, a convido a não desistir do seu chamado, lembrando que quem fez a promessa é fiel para cumpri-la. "Deus não é homem, para que minta; nem filho do homem, para que se arrependa" (Nm 23:19).

Ei, mulher, você está nas mãos daquele que sabe onde deverás ser polida; Deus não desistiu de você! Com seu poder transformador, Ele a purifica e faz de você uma joia preciosa. Não fique presa às correntes do passado, não olhe a vida pelo retrovisor, pois durante o tempo que você estiver atada a ele, não conseguirá enxergar o futuro extraordinário que Deus tem para sua vida.

Fale como Isaías: "Eis-me aqui, envia-me a mim" (Is 6:8). Estou disposta a submeter-me ao processo de transformação.

Não espere que o vento mude para encontrar condições favoráveis a uma tomada de atitude. Quem espera e não age, não obterá resultados.

"Feliz é o homem que persevera na provação, porque depois de aprovado receberá a coroa da vida, que Deus prometeu aos que o amam" (Tg 1:12).

Disponha-se, prossiga para o alvo, sabendo que sua vida está plenamente nas mãos do Senhor, seu Deus.

BIBLIOGRAFIA

BÍBLIA SAGRADA. Nova Bíblia Viva em Português. São Paulo: Hagnos, 2021.

BÍBLIA SAGRADA. Nova Tradução na Linguagem de Hoje (NTLH). Barueri: Sociedade Bíblica do Brasil, 2018.

BÍBLIA SAGRADA. Almeida Revista e Corrigida (ARC). Barueri: Sociedade Bíblica do Brasil, 2018.

“Para viver o chamado, antecede o caminho que se chama ‘processo’; renda-se ao processo e viva seu chamado.”

Simoney Rocha

Suzana

Suzana Barbosa

Sou Suzana Barbosa, uma filha amada de Deus, serva, esposa, mãe e psicóloga. Casada há vinte anos com Vilela, juntos crescemos em Cristo e construímos uma linda família, constituída por Júlia e Isabella, duas lindas flechas do Senhor.

Sou a filha primogênita de Jeová e Sueli, um casal de jovens que decidiram construir uma família e juntos avançaram. Hoje colhemos frutos dessa decisão e podemos ver, viver e sentir a pura graça e misericórdia de Deus sobre nós.

Eu me aproximei de Jesus aos meus 18 anos, e após isso vi minha vida se transformando e a cada nova etapa a mão do Senhor me conduzindo.

Você foi predestinada por Deus a um propósito, porém essa certeza não a faz viver de forma mais fácil ou assertiva, apenas a faz avançar e não retroceder.

faz_sentido_sentir

+55 (11) 96263-8602

suzana.barbosa84@terra.com.br

MULHERES COM UM CHAMADO

VOLUME 3

VIVA O SEU PROPÓSITO E RESPONDA AO CHAMADO DE DEUS

30

Suzana Barbosa

Passei anos me questionando: "Qual será o meu propósito de vida?".

Sou a primogênita de um casal que tinham diversos planos, porém ser pais naquele momento não eram um deles. Nasci no dia 1º de abril e sempre escutei que eu era uma mentira ou uma pessoa mentirosa por ter nascido nesse dia. Por anos me apeguei a esse decreto, e pode até parecer incomum, mas esse decreto deturpou minha verdade existencial.

Cresci em um lar bem disfuncional, onde o vício existia, e se existe esse tipo de legalidade, existe também um precedente para outras disfuncionalidades, como a mentira, a falta de companheirismo, a violência doméstica, o desamparo, o abandono, a rejeição.

Aos meus oito anos, meu irmão Jefferson nasceu. Nossa diferença de idade no momento da nossa infância não foi uma barreira para gerarmos memórias afetivas; na verdade, a vida dele em muitos momentos me resgatou de uma tristeza que me assolava hora ou outra.

Os anos foram passando, e eu crescendo nesse contexto familiar. Ter a minha própria família nunca foi um planejamento para mim. Durante toda a minha infância me sentia "obrigada" a ser a melhor em tudo que estivesse ao meu alcance, então sempre me esforcei muito na escola e sempre tirava as melhores notas, e em casa eu tentava sempre ser a melhor filha.

Minha intenção sempre era chamar a atenção dos meus pais para mim. Meu interior ansiava por momentos de mais proximidade, gerar memórias afetivas saudáveis e, mesmo que essa busca me custasse muito, que meu psicológico ou meu cansaço físico estivessem debilitados, eu permanecia tentando.

Anos se passaram e esse mecanismo de sobrevivência que eu gerei fazia com que de alguma forma eu me sentisse amada. Por mais de quinze anos da minha vida, busquei por esse amor e por mais memórias afetivas; me sentir pertencente ou apenas não abandonada era meu objetivo principal.

Como relatei, meus pais tinham vícios (alcoolismo e tabagismo), e após quinze anos da minha existência eles foram buscar por ajuda para saírem desse vício, e deu certo. Glória a Deus, meu lar finalmente seria um lar saudável.

Uma nova configuração familiar estava surgindo e houve uma alegria em mim nunca vivenciada, mas também houve muitas dúvidas, receios e muitos questionamentos internos, afinal, nunca tinha vivido algo assim. Mas independentemente desse turbilhão de emoções, a partir daquela nova realidade entendi que já não precisava ser a filha "perfeita", a que buscaria aprovação a qualquer custo, e comecei a experienciar momentos novos, mesmo que esse tal "novo" não fosse necessariamente bom e/ou saudável. Fui procurar o tal "amor" em quem soubesse me ludibriar. Pela graça e infinita misericórdia de Deus, esse período durou pouco, mas foi o bastante para deturpar meu amor-próprio, minha autoimagem e a consciência de mim e do meu propósito.

Comecei a namorar meu esposo aos 18 anos, e ele foi me ensinando a me enxergar por uma ótica diferente, uma versão que eu não tinha percebido em mim, e foi me mostrando o amor, o cuidado, a proteção (ele foi o meu Boaz). Deus usou algo ordinário para fazer o extraordinário na minha história. Tudo o que eu passei a vida procurando, o Senhor já havia preparado. Aos 20 anos me casei e a partir desse lindo dia passamos a viver uma nova história. Não foi fácil, tivemos que superar alguns obstáculos, mas aqui estamos, mais de vinte anos depois, com a graça de Deus, e será até Macpela. Eu que nunca conjecturei ter uma família, agora sou esposa e mãe. "Nem olhos viram, nem ouvidos ouviram, nem jamais penetrou em coração humano o que Deus tem preparado para aqueles que o amam" (1 Cor 2:9).

No ano de 2020, o mundo foi impactado por uma epidemia, em que todos estávamos tendo que lidar com o medo, a incerteza, a morte, a escassez, a doença, a vida... o novo. Geralmente, quando usamos a palavra novo, pensamos logo em coisas boas, mas esse contexto aqui não era nada bom — nada de bom ouvíamos no decorrer dos dias. Além de tudo isso que o mundo passava, a minha casa estava passando por um momento delicado: meu esposo tinha passado por uma cirurgia no joelho em fevereiro, e foi um período muito delicado em muitas áreas de nossas vidas, mas servimos a um Pai de amor e generosidade, que nunca nos desamparou e que cuidou de tudo, do necessário ao desejável.

Os dias foram passando, as incertezas aumentando, assim como o medo, e após mais de setenta dias do meu esposo precisando de auxílio, ele foi liberado pelo médico para colocar o pé no chão e começar a caminhar; rumo à reabilitação, nesse mesmo dia de alegria, eu tive dois desmaios súbitos (picos de estresse), algo que eu nunca havia tido no decorrer de toda a minha vida. Ficamos preocupados; não podíamos ir ao médico por conta da pandemia e esses sintomas eram diferentes dos relatados para ser o vírus. Eu tinha falta de apetite, choro excessivo sem motivo aparente, libido rebaixada, tive muitos lapsos de memória, letargia, insônia ou sonolência, disforia; e todos esses sintomas não condiziam com a covid. Então, o que estava acontecendo comigo?

Com os dias passando, eu como estudante de Psicologia (que era na época), fui dando mais atenção aos meus sintomas e identifiquei o que eu tanto temia: "Será que é uma depressão?". Então, fui atrás de profissionais capacitados que pudessem corroborar esse "meu autodiagnóstico". Pois bem, fui de fato diagnosticada com depressão moderada (CID F32.1). Eu fiquei tão perturbada, desacreditada, me senti vulnerável, incapaz de me tornar uma profissional da saúde. Meus questionamentos a Deus eram tantos que a cada pensamento uma dor maior se instalava em meu interior.

Após o diagnóstico, comecei com as terapias e fui ao psiquiatra para tomar medicação, e a cada vez que eu me movimentava em direção à cura, o inimigo soprava no meu ouvido que eu não era adequada para me formar na área da saúde mental, que eu não daria conta de ajudar outras pessoas, que eu era uma farsa, e de fato estava vivendo uma mentira (lembra-se da data do meu aniversário? Palavras viram decretos, cuidado com os ambientes de que você está fazendo parte).

Eu fui dando abertura para ficar cada vez mais nesse lugar e fui definhando, me abatendo, querendo deixar de existir; para mim não tinha mais sentido tudo que havia feito até aquele momento. Na minha mente estava vivendo, de fato, uma mentira.

Lembro-me de um dia muito doloroso, e quando digo doloroso estou dizendo de dor não só na alma, mas no corpo literalmente. Passar a mão pelo meu corpo doía; o carinho das minhas filhas e do meu esposo doíam, e isso ia me adoecendo ainda mais. Eu não via sentido em me levantar todos os dias. Em um determinado dia, fiz uma oração a Deus: "Senhor para mim não faz mais sentido nenhum existir dessa forma, já que isso não é viver de fato. Não consigo mais dar conta dessa dor e desses pensamentos, me tira disso, me leva ao teu encontro"; chorei muito enquanto fazia essa oração.

No retorno da faculdade, enquanto eu dirigia na Dutra, essa oração ecoava na minha mente, e decidi que poderia de alguma forma ajudar para que ela se concretizasse. Nesse dia, eu fui durante todo o trajeto dirigindo a mais de 130 km, porque o meu desejo era de fato acabar com esse sofrimento (1 Rs 19:4). Deus me guardou e aqui estou, cinco anos depois, viva, com a saúde mental restaurada e grata, muito grata por ser uma filha amada de Deus.

A doença mental é uma verdade, e diante da desesperança daquele momento eu idealizei entrar para as estatísticas daqueles que perdem a guerra para ela. Não seja negligente, saia da roda dos escarnecedores e entre para a roda dos esclarecedores. A depressão tem tratamento, assim como qualquer outra doença, e ao contrário de muitas falas "mal-ditas", essa doença não é frescura, nem falta de Deus, muito menos para chamar atenção; ela é tão real quanto qualquer outra doença, e nós estamos todos suscetíveis e vulneráveis a ela (Jo 16:33).

Se essa é uma realidade na sua vida e você tem passado por momentos de desequilíbrio emocional, (parafraseando Mateus 6:6) "entra no teu quarto, fecha a tua porta e chora, grita, transborde aos pés daquele que te criou"; levante-se, seque suas lágrimas e avance, busque ajuda de um psicólogo, e se for necessário de um psiquiatra. Revista-se de todas as armas que o nosso Pai nos deu para guerrearmos contra nossa mente (Rm 12:12). Não se conforme, não desista, não retroceda!

Lembre-se: na casa do médico, a doença chega; na casa do juiz, a injustiça acontece; na casa da psicóloga, a doença mental entra. Não é sobre estar blindado, é sobre saber quem está com você nessa guerra. Você está guardado nas mãos daquele que escreveu os seus dias.

Lembra que iniciamos esta escrita falando sobre propósito? Pois bem, demorei anos para entender qual era o meu, e hoje, após 40 anos de vida, entendi que nasci para ajudar pessoas a lidar com conflitos emocionais, a promover a saúde mental e o bem-estar dos filhos amados de Deus. Não foi um processo fácil, indolor, nem confortável, mas eu precisei avançar e entrar na zona de confronto. Vá em direção ao seu propósito, e no caminho rumo a esse autoconhecimento, lembre-se:

- Acolha-se, tenha amor-próprio (Mt 22:39).
- Respeite-se e jamais se compare (Gl 6:4-5).
- Se fizer sentido para você aquilo pelo que estiver passando, permita-se sentir (Sl 34:17-18).
- E viva em abundância (Jo 10:10); viver em abundância é viver da forma que Deus a fez para viver, com alegria (Jo 15:11), com a paz que excede todo o entendimento (Fp 4:7) e com a certeza de que você foi gerado de uma forma maravilhosa (Sl 139:14).

Hoje me sinto tratada por Deus e acompanhada por profissionais. A depressão é uma doença crônica, e há gatilhos e /o u *insights* que me afetam de uma forma mais latente e aos quais eu preciso de fato estar atenta para não voltar a esse lugar de dor; afinal, eu venci e me tornei uma profissional de cura na alma. O inimigo conhece muito bem quem me forjou e sabe do potencial que eu tenho nas mãos daquele que escreveu os meus dias.

"[...] Tudo foi criado por ele e para ele. E ele é antes de todas as coisas, e todas as coisas subsistem por ele" (Cl 1:16b-17).

BIBLIOGRAFIA

BÍBLIA SAGRADA. Almeida Revista e Atualizada (ARA). Barueri: Sociedade Bíblica do Brasil, 2021.

"Ignorar os
fatos dificulta o
entendimento,
mas o sentir a leva
à reflexão. Não
negligencie suas
emoções, porque faz
sentido sentir."

Suzana Barbosa

Tatiana Motta Garcia

Sou Tatiana Motta, tenho 50 anos, cristã, filha de Marcia e Wilson (*in memoriam*), natural de São Paulo/SP, onde moro. Tenho sete irmãos (sendo três mulheres e quatro homens), 14 sobrinhos e uma sobrinha neta. Sou mãe de dois filhos: Fernanda, de 26 anos, e Hélio, de 21, frutos do meu relacionamento com Fernando, com quem estou há 29 anos.

Formada em Pedagogia, no momento estou atuando como gestora no cargo de coordenação pedagógica; sou missionária, intercessora, líder do grupo de mulheres da minha igreja, amante de livros que falam de Deus. Gosto de estar ativa na obra de Deus e de ajudar as pessoas; nos momentos de descanso adoro assistir programas culinários e séries.

motta_75

DE FÉ EM FÉ: MINHA JORNADA COM DEUS

31

Tatiana Motta Garcia

Olho para trás e me pergunto quantos momentos marcantes vivi na presença do Senhor. Foram momentos de alegria, desafios e dificuldades, mas em cada um deles, Deus esteve comigo, me guiando e me ensinando lições preciosas. Cada situação, mesmo as mais difíceis, me ensinou algo fundamental: nada acontece sem que Deus esteja no controle absoluto de tudo.

Hoje, entendo essa verdade de forma mais profunda, pois percebo a diferença nas situações antes e depois de compreender que Deus é o único e verdadeiro Salvador da minha vida. Ele me ensinou a confiar em Sua sabedoria e a ver cada evento sob a perspectiva de Sua vontade perfeita. Cada passo da minha jornada de fé tem sido uma descoberta mais profunda de Seu amor incondicional por mim. Entre esses momentos, alguns me aproximaram ainda mais de Deus. Quero compartilhar algumas dessas experiências que marcaram minha caminhada de fé.

Quando tinha 14 anos, fui diagnosticada com anemia crônica e precisei de medicações regulares para controlá-la. Foi uma época de muitos exames e consultas, mas nunca perdi a esperança, porque sabia que Deus estava no controle da minha saúde. Sempre consegui manter a anemia sob controle, mas entre 2011 e 2012, vivi uma das minhas experiências mais intensas com Deus. Naquele período, minha fé foi refinada, e senti Sua presença de maneira muito mais intensa do que antes. A experiência de ter uma doença crônica me fez perceber o quanto precisamos valorizar nossa saúde e ser gratos por cada dia em que o Senhor nos fortalece.

Naquela época, eu era professora, e tinha um ritmo de vida muito agitado, com longas jornadas de trabalho e responsabilidades que pareciam não ter fim. Um dia, cheguei ao trabalho, me senti mal e, em pouco tempo, minha febre subiu para quase 40°C. Minha irmã me levou ao hospital, onde fui diagnosticada com dengue. Porém, o médico encontrou alterações nos meus exames e pediu novos exames. Ele me informou que meu sangue estava "virando água" e que eu estava com leucemia.

Minha primeira preocupação foi: "Quem vai cuidar dos meus filhos?". Aquele momento foi de grande desespero, mas também de grande reflexão sobre a minha vida, minhas escolhas e o amor de Deus por mim. Foi difícil ouvir aquelas palavras do médico, mas, ao mesmo tempo, senti um chamado para buscar ainda mais a presença de Deus, confiando em Sua misericórdia.

Depois de contar à minha família, fui ao especialista, e, naquele momento, minha fé ainda era tímida. Eu não sabia como lidar com a magnitude do diagnóstico, mas uma aluna, missionária, intercedeu pela minha saúde e me propôs uma campanha de oração de três dias. Comecei a ver a mão de Deus movendo-se em minha vida de uma forma que nunca imaginei. As orações começaram a ser respondidas de maneira clara e maravilhosa.

Uma das manifestações mais surpreendentes foi quando minha avó, com 91 anos, aceitou Jesus durante a campanha de oração. Foi um momento de grande emoção para toda a nossa família, uma verdadeira benção que marcou o início de uma nova fase em nossa vida espiritual. Eu sabia que Deus estava trabalhando em cada coração, e Sua obra de salvação não se limitava apenas à minha saúde, mas tocava também os corações ao meu redor.

A cura veio de uma forma que só poderia ser explicada como milagre. O exame final mostrou que eu não tinha mais leucemia, apenas uma pequena alteração na anemia, que poderia ser corrigida com ferro. Ao ouvir do médico que não havia mais nada, as lágrimas desceram e eu só consegui dizer: "Deus me curou!". Esse milagre fortaleceu minha fé de maneira indescritível e me fez perceber o poder de Deus de uma forma que nunca havia imaginado. A minha cura não foi apenas física, mas também emocional e espiritual. O processo de oração e intercessão foi um lembrete constante de que a oração tem poder e que a presença de Deus pode transformar qualquer situação. Foi como se todo o peso da doença tivesse sido removido, e eu pude respirar aliviada, sentindo a renovação do Senhor em minha vida.

Essa experiência me ensinou que, quando Deus decide agir, nada pode impedir Seu poder. Aprendi que, mesmo com uma fé pequena, quando Deus promete, Ele cumpre. Isso me motivou a buscar mais profundamente o poder de Deus. E, de fato, Ele pode todas as coisas. A partir daquele momento, passei a ver Deus não apenas como alguém distante, mas como um Pai que se importa com os detalhes da minha vida e que nunca me abandona, mesmo nas situações mais desafiadoras. O entendimento de que Ele está sempre comigo, mesmo quando as circunstâncias são difíceis, me deu uma nova perspectiva sobre a vida. Passou a ser claro para mim que, em todas as situações, Deus nunca perde o controle.

Com o passar dos anos, outras experiências e desafios vieram. Quando tive minha primeira filha, aos 23 anos, enfrentei complicações durante o parto, mas Deus sempre esteve comigo, guardando minha filha e a mim. A angústia de não saber o que aconteceria foi uma prova de fé, mas, ao mesmo tempo, um momento de total entrega nas mãos de Deus. Deus me fez perceber que, por mais que tentemos controlar as situações, Ele é o único que tem o controle total. Ele me deu força para enfrentar aquela situação e, pela Sua graça, tanto minha filha quanto eu saímos bem. O parto, que parecia ser uma grande adversidade, tornou-se uma experiência que me aproximou ainda mais de Deus. Ele estava presente em cada momento, me dando coragem para enfrentar o desconhecido.

Passando o tempo, a vida de mãe se revelou cheia de desafios, especialmente com minha filha entrando na pré-adolescência e enfrentando momentos de rebeldia. Eu, como mãe, também tive que aprender a lidar com a angústia e as dúvidas sobre minha capacidade de guiá-la corretamente. O relacionamento com minha filha se tornou um campo de aprendizado para mim. Ela passava por muitas questões internas, e eu, como mãe, precisava ter sabedoria para lidar com elas. Em uma dessas ocasiões, ela se ausentou da escola e, após muitas buscas, a encontrei. Isso me fez entender o quanto precisamos da proteção de Deus em momentos de desespero. Eu havia perdido a confiança nas minhas próprias habilidades como mãe, mas em Deus encontrei força e sabedoria para tomar as decisões certas. O apoio de Deus foi constante, mesmo nas situações em que eu sentia que estava falhando. Quando minha filha voltou para casa, eu sabia que o Senhor tinha nos guardado.

À medida que minha filha crescia, enfrentamos novas dificuldades, inclusive em relação à sua educação e comportamentos rebeldes. Ela chegou a ser expulsa de uma escola, mas, com muito esforço, a matriculei em outra. O processo foi desgastante e doloroso, mas eu sabia que Deus estava me guiando, me dando paciência e perseverança. Esses momentos difíceis me ensinaram que a paciência é fundamental em nossa jornada e que Deus, em Sua misericórdia, sempre nos dá o que precisamos, mesmo que seja difícil de entender no momento. A cada dia, eu via a transformação que o Senhor estava fazendo na vida dela, e isso me dava força para continuar a caminhada.

Aos 18 anos, minha filha enfrentava novos desafios, afastando-se da igreja, mas nunca deixei de orar por ela. Em 2017, ela voltou para a igreja e se batizou, um momento inesquecível para mim, pois foi um sinal de que Deus havia respondido às minhas orações. A alegria de ver minha filha renovada espiritualmente foi indescritível, e eu sabia que aquele era apenas o começo de uma nova jornada em sua vida. Aquele momento de batismo foi uma verdadeira celebração da fidelidade de Deus e uma confirmação de que Ele sempre tem um plano perfeito para nós, mesmo quando não conseguimos ver no início.

Durante esse tempo, ela conheceu seu atual esposo em um evento da igreja e, desde então, não se separaram. Hoje, ela é uma mulher de Deus, servindo à igreja e vivendo o propósito divino para sua vida. Ela é a maior resposta de todas as minhas orações. Ver minha filha com um coração tão dedicado ao Senhor, vivendo em plenitude, é uma das maiores bênçãos que Deus me concedeu. Ela, sem dúvida, é a minha maior alegria, e a sua caminhada de fé é prova de que, por mais difíceis que as lutas possam ser, Deus sempre age em nossas vidas. O que parecia ser um processo de lutas, tornou-se uma grande vitória espiritual.

Minha filha, com 26 anos, e meu filho, com 21, são as maiores bênçãos que Deus me deu. Hoje, continuo orando por eles, confiando que Deus os guiará e dará a eles experiências transformadoras em Sua presença. Eu sou uma testemunha viva do poder da oração e do amor de Deus por meio dos meus filhos. Esse processo, embora difícil, tem sido um marco de fé e superação, e sei que, com Deus, tudo é possível. Deus sempre me ensinou que as dificuldades são oportunidades para crescermos e nos aproximarmos mais dEle. Mesmo nas situações mais difíceis, Ele nunca nos abandona, e em Sua presença encontramos força e paz. Meu coração transborda de gratidão, pois sei que Ele continua a moldar minha vida e a vida da minha família.

Hoje, mais do que nunca, confio que Deus continuará guiando minha vida e a de minha família, nos fortalecendo para enfrentar qualquer desafio que surgir. Como diz a Escritura: "Tudo posso naquele que me fortalece" (Fp 4:13). E, de fato, com Deus, somos mais que vencedores. Meu coração se enche de gratidão por tudo o que Ele tem feito em minha vida.

Cada dia é uma nova oportunidade para viver de acordo com o Seu propósito, e eu estou disposta a seguir em frente, confiando que Ele está comigo em cada passo do caminho. Sei que serão dias difíceis, mas aprendi que com Deus do meu lado nada será impossível de ser alcançado. Por isso, não importa pelo que esteja passando, não deixe de buscar a presença de Deus na sua vida.

"Já pensou quantas
vezes tentou resolver
tudo sozinha?
Só Jesus pode
transformar sua vida.
Pense nisso."

Tatiana Motta Garcia

EDITORA
CHAVE MESTRA®

Instagram: @editorachavemestra

E-mail: editora@editorachavemestra.com.br

Site: www.editorachavemestra.com.br